JN438651

연두

# 연두

김효순 수필집

## 책머리에

누군가 "당신은 언제 행복합니까?"라고 묻는다면 선뜻 답할 수 있는 사람이 얼마나 될까요. '행복론'으로 유명한 최인철 교수님은 "행복하고자 한다면 행복한 사람 옆에 머물라."라고 했다지요. 그 질문이 저에게 주어진다면 "행복한 사람 옆에 머물러도 행복하겠지만 내가 행복한 일을 할 때 더 행복하지 않을까요?"라고 답하고 싶습니다.

저에게 글쓰기는 정말 어렵고 힘든 일이었지만 수많은 시간을 고통스럽게 보내면서 지나간 기억과 생각들을 한 문장 한 문장 꿰맞춰 한 편의 글이 완성될 때 느끼는 행복감은 이 세상 그 무엇과도 바꿀 수 없는 최고라고 감히 말하고 싶습니다.

저에게는 둘도 없는 소중한 일상이고, 아름다운 추억이고, 남기고 싶은 이야기겠지만 누군가에는 그저 그런 일상이고 추억이고 이야기를 어쭙잖은 솜씨로 엮어 세상에 내놓으려 하니 부끄럽기도 합니다.

그래도 부끄러움을 떨치고 용기를 내게 된 이유는 사회 첫발을 내딛던 20대 초반부터 오늘까지 40년의 교직 생활을 마무리하면서 그동안 마주했던 많은 사람과 많은 이야기를 나만의 방식으로 소박하게 남기고 싶었기 때문입니다.

늘 믿음과 용기를 주었던 영원한 동반자이자 맹목적 지지자였던 남편과 두 아들, 한 울타리 안에서 며느리의 교직 생활을 존중하고 도와주셨던 시부모님께 깊은 감사와 사랑을 드립니다. 더불어 글 속의 주인공이 되어준 교단에서 만났던 제 인생의 또 하나의 동반자였던 은사님과 아이들, 동료와 선후배님들에게도 감사와 존경을 드립니다.

마지막으로 부족한 저의 글을 따뜻함과 세심함으로 지도해주셨던 한경선 교수님과 목요 야간 수필반 문우님들께도 무한 감사 드립니다.

2020년 12월

김효순

목차

책머리에 4

1부

## 봄동

봄꽃의 순정 12
단 한 번만이라도 16
비비추 21
호미 연필 27
내 안에도 수상한 그녀가 있을까 33
연두 38
콩각시 42
일 잘하는 사내 46
봄동 50
오동잎 54
귀인貴人 61

2부

## 잠비 내리는 날

노란 집 68
잠비 내리는 날 73
사라진 옷 78
타경打京 85
열하일기熱夏日記 90
울 언니 95
미뤄진 약속 102
어쩌라고 봄비는 106
수국 110
늘봄전常春傳 115
아들의 축구화 121

3부

# 내 영혼을 위한 시간


초원의 빛 128

만추서정晩秋抒情 133

꺼꾸리 138

자전거 완전정복 143

꽃자리 149

내 영혼을 위한 시간 153

인연 158

사미인곡四美人曲 163

'놈' 이야기 167

사랑초 172

부사관은 엄마라구요 177

4부

## 만 개의 돌


30년 만에 쓴 반성문 184

미아우 188

아침밥을 차려주는 여자 193

금박숫자 16개 198

만 개의 돌 203

《기생결》 이야기 208

일장추몽一場秋夢 213

천재의 열정 217

거리 두기 221

7센티의 존엄 225

별이 빛나는 밤 230

5부

# 꽃파도


닻과 덫 236

도담도담 하우스 241

봉실산 1 246

봉실산 2 251

실패한 이야기도 좋은 스펙이다 255

꽃파도 259

아, 대한민국! 아아, 우리 조국! 263

두 개의 골든타임 268

치즈는 하나의 오케스트라다 272

천 냥 빚이 된 말 한마디 279

오! 선화공주 284

# 1.

# 봄동

봄꽃의 순정 | 단 한 번만이라도 | 비비추 | 호미 연필
내 안에도 수상한 그녀가 있을까 | 연두 | 콩각시
일 잘하는 사내 | 봄동 | 오동잎 | 귀인貴人

# 봄꽃의 순정

구담 댁! 그녀를 처음 만난 건 고향 마을에 새내기 교장으로 부임했던 지난해 이맘때였다. 말 그대로 귀향이었다. 어릴 적 떠났던 고향에 돌아온 것도 귀향이지만 한동안 학교를 떠나 교육청에서 교육행정을 하다가 다시 아이들이 있는 학교로 돌아온 것도 또 다른 귀향이었다. '귀향' 하면 출세하여 돈과 명예를 가지고 비단옷을 입고 고향에 돌아온다는 '금의환향'을 생각하겠지만 나름 학교장으로 새로운 일을 고향에서 시작한다는 건 참으로 가슴 설레는 일이었다.

초봄의 쌀쌀한 기운이 여전했던 그날도 남쪽에서는 꽃소식이 한

창이었다. 우연히 학교 근처에 매화마을이 있다는 소문을 따라 찾아 간 곳은 섬진강이 내다뵈는 구릉 따라 소나무가 있는 둔덕에 매화가 활짝 핀 구담마을이었다. 꽃송이, 나뭇가지 할 것 없이 온통 푸르스름한 청매화, 새색시 볼처럼 붉은 홍매화, 눈꽃처럼 하얀 매화가 만개한 구담마을은 푸른 섬진강물과 푸른 소나무가 어우러져 마치 무릉도원을 연상케 하는 별천지였다.

매화 향에 취해 한참을 걷다 보니 언덕배기에 소박하지만 나름 멋을 부린 흙벽돌집이 보였다. 찻집인가 싶어 문을 두드렸더니 뜻밖에 가정집이었고, 얼굴을 내민 사람은 화장기 없이 순박해 보이는 젊은 아줌마였다. 미안해서 황급히 나오려는데 우리를 붙잡은 건 '날씨도 쌀쌀한데 차나 한잔 마시고 가라'는 말과 함께 그녀의 선한 미소였다. 낯선 곳에서 처음 만나는 사람으로부터 얻어 마신 뜨거운 매화꽃차는 감동이었다. 아직도 시골인심은 살아 있다는 생각과 함께 고향에 돌아온 편안한 기분으로 세상이 다 훈훈해지는 것 같았다. 구담마을에서 아름다운 건 산에 피어있는 매화가 아니고 봄꽃 같은 그녀였고, 감동적인 건 그녀의 순정이었다.

봄이 되면 제일 먼저 봄을 알리며 소리 없이 피어나는 봄꽃. 산수유, 매화, 개나리, 진달래, 목련…. 춥고 긴 겨울을 헤치고 봄이 올 때 그 어느 꽃보다도 먼저, 그것도 새순이 돋기 전에, 새잎이 나기 전에 자신의 전부이자 제일 예쁜 모습인 꽃봉오리를 먼저 내미는 봄꽃의 순정. 구담 댁은 그런 봄꽃의 순정으로 내 가슴에 남아있다.

해마다 학년 초가 되면 학부모 총회가 열린다. 학부모 총회는 선생님 소개와 일년 동안 꾸려나갈 교육과정 설명, 학교 예산 공개, 학부모 대표 선출, 담임 선생님과 면담 등 말하자면 그해에 학교가 준비한 모든 것을 학부모들에게 첫 선을 보이는 자리이다. 아직도 교정은 춥고 어설프며 선생님은 선생님대로 학생은 학생대로 새로운 환경에 적응하느라 긴장되고 힘들지만 학교마다 학부모들을 맞을 준비를 열심히 한다.

얼마 전 우리 학교도 학부모 총회를 했다. 며칠 전부터 선생님들은 수업 시간 틈틈이 안내장 발송, 학부모와 면담할 학생 이해자료 작성, 교실 환경정리, 행사장 준비 등으로 정신없이 바빴다. 전날 저녁 늦게까지 남아서 일하시는 선생님들이 많았다. 다음날, 마치 약속이나 한 것처럼 전날까지 입었던 두툼한 겨울옷을 벗고 깔끔한 정장으로 갈아입은 선생님, 넥타이를 산뜻한 봄 색깔로 바꿔 맨 남 선생님, 화사한 스카프를 두른 여 선생님들이 분주히 총회를 준비하고 계셨다. 가장 아름다운 모습으로 학부모들을 맞이하고 있는 선생님에게서 순간 구담 댁의 아름다웠던 봄꽃의 순정을 느꼈다. 갑자기 가슴이 뜨거워지면서 뭉클했다. 두고두고 감동으로 남아있는 구담 댁의 순정처럼 선생님 한분 한분의 모습에서 느껴지는 진정성이 학부모 한분 한분의 마음속에 감동으로 꽂혔으면 하는 마음이 간절했다.

봄이 되면 산에 들에 소리 없이 피어나는 봄꽃처럼 누가 보아주지 않아도, 누가 알아주지 않아도 묵묵히 아이들을 사랑하고 열심히 가르치는 선생님들이 학교에는 많이 계신다. 아무리 세상이 시끄럽고 교육이 제자리를 못 찾고 있다는 우려의 목소리가 크지만 아직도 자신의 가장 아름다운 모습을 불쑥 내미는 봄꽃의 순정을 가진 선생님들이 더 많이 계신다. 가정에서 사회에서 그러한 봄꽃의 순정들이 더 많이 존경받고 사랑받았으면 좋겠다.

(2014. 3.)

# 단 한 번만이라도

그가 돌아왔다. 열흘간의 휴가를 마치고 다소 초췌해진 듯했으나 여전히 활기찬 모습이다. 한눈에 보아도 그는 영화배우처럼 보인다. 잘생겼다기보다는 일단 외국인이고 우렁찬 목소리와 우스꽝스러운 표정이 일품이어서 주변의 관심을 끌기에 충분했다. 어디서 들었는지 영어체험학습센터에 입소하는 애들마다 그가 정말 〈해리포터〉에 출연했냐고 묻곤 했다.

나 역시 이번에 이곳으로 오면서 그를 처음 만난 터라 궁금하기는 마찬가지였다. 알고 보니 배우로 출연한 것이 아니고 촬영 팀이었다고 한다. 해리포터 역을 맡은 다니엘 래드클리프와 같이 찍었던 사진을 보여줬다. 아니나 다를까, 예의 그 유명한 동그란 안경을 쓴 다니엘 옆에서 그가 웃고 있었다.

그는 영국에서 온 올해 30대 초반의 원어민 영어 교사다. 2002 월드컵 당시 뉴스에 나오는 우리나라의 역동적인 거리 응원 모습에 반해서 무작정 한국에 왔다고 한다. 몇 개월간 여기저기를 여행하면서 한국인들의 따뜻한 인정과 아름다운 풍광에 빠져 그냥 한국에 눌러앉게 되었다고 한다. 서울에서 영어 학원 강사를 몇 년 하다가 원래 전공인 영화 제작을 살려 할리우드의 영화사에서 일했다고 한다.

그때 〈해리포터〉, 〈캡틴 아메리카〉, 〈X-맨〉 등 전 세계는 물론 우리나라에서도 크게 흥행에 성공한 영화 제작에 합류하게 되었다고 한다. 영화에 관한 자부심과 애정이 대단했다. 영화 제작이라는 일이 항상 바쁜 것은 아니어서 일감이 없을 때는 한국에서 아이들을 가르쳤던 추억을 잊지 못했다고 한다. 그래서 아예 TESOL 강사 자격을 취득하여 한국에 다시 온 것이다.

그는 열정적이고 유머가 뛰어나 아이들이 말을 못 하고 멈칫거리면 팬터마임을 하듯 웃기기도 한다. 호기심 반 두려움 반으로 잔뜩 떨고 있는 아이들에게 또렷하고 정확한 발음을 천천히 반복해주고 때때로 한국말도 한마디씩 던져 긴장을 풀어주곤 했다. 그에 대한 아이들의 반응은 폭발적이었다.

그런 그가 얼마 전 심각한 표정으로 원장실을 찾아왔다. 항상 웃는 그였기에 무슨 일인가 오히려 내가 긴장되었다. 그가 내민 것은 〈어벤져스 2〉 촬영에 관한 신문 기사였다. 예전에 일했던 영화사에서 그가 한국에 있다는 것을 알고 수소문 끝에 협조 요청을 한 것이었다. 그가 할 일은 스턴트맨의 일정과 소품을 챙기는 것이란다. 영화사에서는 한국 사정을 잘 알고, 영화 제작을 아는 그를 놓칠 리 없던 것이다.

그는 나의 허락을 구하고 있었다. 무급휴가를 쓰고, 자신의 수업은 동료들이 대체한다고 했다. 딱히 반대할 이유도 없었다. 궁극적으로 허락할 수밖에 없었던 것은 만약 내가 반대해서 그 일을 못한다면 당장 이곳을 그만두겠다고 했기 때문이다. 그야말로 온몸으로 간절히 원했다. 단 열흘을 위해서 직장까지 그만두겠다니, 내 상식으로는 있을 수 없는 일이었다. 의아해하는 나에게 그가 들려준 이유는 너무나 간단했다. 이번 기회는 자신의 일생에 두 번 다시 오지 않을 기회이기 때문이란다.

신선했다. 좋아하는 일을 위해서라면 지금 내가 가진 것을 다 포기할 수 있다는 그 열정이 부러웠다. 더구나 쉽게 주어지지 않는 기회라면 조금도 주저하지 않고 과감하게 내던지는 용기는 더 부러웠다. 젊음 때문일까, 아니면 현재 하는 일이나 그 일로 인한 편안함에 대한 집착이 없기 때문일까. 그것도 아니면 우리와 다른 문화와 사고방식을 가진 외국인이어서일까.

그러고 보면 그는 확실히 달랐다. 한국이 좋아서 무작정 찾아왔고, 또 눌러앉아 영어를 가르치다가 좋아하는 영화 일을 하러 미련

없이 떠나려 하지 않는가. 정년이 보장된 안락한 일자리를 찾아 몇 년씩 노량진 학원가나 도서관 구석진 자리에서 청춘을 썩히고 있는 이 땅의 젊은이들을, 그는 이해할 수 있을까. 우리의 젊은이들만 탓할 문제도 아니다. 만약 내 자식이 그처럼 마음 가는 대로 발길 닿는 대로 살아간다면 부모로서 아마 하루도 마음이 편하지 않을 것이다.

나에게 스스로 묻노니 나는 언제 그렇게 뜨겁게 하고 싶은 일이 있었던가. 단 한 번만이라도 하고 싶은 일에 주저하지 않고 온몸을 던져본 적이 있었던가. 오르지 못할 나무라고 미리 포기하지는 않았던가. 손이 닿지 않는 꼭대기의 포도는 틀림없이 신맛일 거라고 애써 외면하지는 않았던가. 오지 않을 수 있는 미래의 불안을 미리 걱정하고 손안의 현재에 만족하지는 않았던가. 끊임없는 생각이 꼬리에 꼬리를 물었다.

한동안 말이 없었나 보다. 나를 바라보는 그의 시선에 불안감이 스쳤다. 나는 더 이상 주저할 게 없었다. "Why not?(왜 안 되겠어요?) 가도 좋아요. 단, 한 가지 조건이 있는데, 돌아온 뒤 특별한 당신의 경험을 새로운 수업으로 구상하여 공개해 주세요." 나의 제안에 비로소 그의 얼굴이 활짝 펴졌다. "물론이지요. 당연히 준비할게요." 그는 사무실이 떠나갈 듯 씩씩하게 대답했다.

다시 돌아온 그가 반가웠다. 무슨 이야기보따리를 가져왔는지, 어떤 수업을 보여줄지 자못 궁금하다. 생각해보면 나도 늘 일탈을 꿈꾸어왔다. 그러나 꿈만 꿀 뿐, 정작 도전은 너무나 높은 벽이었다. 이제라도 하고 싶은 일을 남의 눈치 보지 말고 핑계 대지 말고 실천하고 싶다. 일상에 묻혀 미처 깨어나지 못하고 있는 내 안의 나를 끄집어내어 훨훨 날고 싶다. 단 한 번뿐인 인생이라 하지 않는가. 누군가는 정신 차리라는 말을 할지도 모른다. 가족과 이웃, 일터를 먼저 생각해야 한다고 또 다른 내 안의 내가 말할지도 모른다. '아아, 그래도 단 한 번만이라도 영화 같은 인생을 살아가는 그처럼 떠나고 싶다.' 아니다. 평범한 가정주부였던 '델마와 루이스'가 지루한 일상을 탈출하여 새로운 인생을 출발한 것처럼 나도 언젠가는 영화의 주인공이 될지도 모른다. 상상만 해도 가슴이 두근거린다. 그는 이러한 내 마음을 아는지 모르는지 외국인 특유의 양손을 펴고 양어깨를 치켜세우며 엄지 척과 함께 "땡큐, 땡큐"를 연발했다.

(2014. 4.)

# 비비추

정말 오랜만이었다. S에게서 문자가 왔다. 아니 그가 나에게 먼저 문자를 보낸 기억이 잘 생각나지 않은 걸 보면 어쩌면 처음인지도 모르겠다. 늘 내가 아쉬워 그에게 연락했었다. 그때마다 그가 수업이 없는 시간에 맞춰야 했기 때문에 나는 한동안 학기마다 바뀌는 그의 수업 시간을 알아야 했다. 그가 보낸 문자는 "이게 비비추 맞지?"라는 아주 간단한 한마디와 사진 한 장이 전부였다. 사진 속에는 키 큰 꽃대를 따라 연보랏빛 꽃송이가 대롱대롱 매달려 있었다. 둥글넓적한 달걀 모양의 순해 보이는 꽃잎들이 족두리 모양으로 꽃대를 받치고 있는 눈에 익은 꽃이었다. 비비추였다.

그러고 보니 그와 소식이 끊긴 지 꽤 되었다. 그건 그에게 연락해도 답이 없었고, 여전히 시간 맞추기도 힘들었으며, 무엇보다도 꼭 연락해야 할 급한 사정이 있는 것도 아니었기 때문이다. 내 풀에 지쳐 '언젠가는 만날 수 있겠지.'라는 막연한 확신과 '언젠가는 그에게 내 마음의 빚을 갚을 날이 있겠지.'라는 믿음으로 차일피일 미루고 있던 참이었다. 그래도 아직 나의 메일 아이디가 비비추라는 것을 기억하고 있는 걸 보면 그 역시 언젠가는 서로 만나서 옛 이야기할 기회가 있으리라 믿고 있었던 게 분명했다.

반가웠지만 한동안 연락하지 못했던 서먹함과 미안함으로 나 역시 문자로 간단히 웬일이냐고 답하려다가 어쩐지 느낌이 이상해서 전화를 걸었다. 아니나 다를까 평소와 달리 그가 재깍 전화를 받았다. '웬일로 이렇게 바로 전화를 받느냐'는 내 물음에 "이제 나 자연인이야."라는 간략 명쾌한 답이 들려왔다. 그 시간이면 그는 수업 중이어야 했고, 전화를 받지 않아야 했다. 무슨 소리인가 해서 놀라는 나에게 특유의 퉁퉁하면서도 허스키한 목소리로 "나, 이번 학기에 명퇴했거든. 이제 남는 게 시간이야."라고 한다.

그는 대학에서 같은 전공을 했던 동기동창으로 군에 다녀와 나보다 3년 늦게 교사로 임용되어 교단에서 평생을 같이해 온 친구였다. 초임 발령으로 시골 학교 몇 년을 빼면 거의 30년 이상을 시내 일반계 고등학교 3학년 담임으로 영어 수업과 대입 진학지도에 남다른 기량을 발휘한 유능한 교사였다. 그가 근무했던 학교마다 가장 일찍

등교해서 가장 늦은 밤까지 아이들과 지내면서 정성과 사랑을 쏟는다는 소문이 자자했다. 어느 학교에서 근무하더라도 위로는 교장, 교감 선생님이 신뢰하고 옆으로는 동료 교사들이 믿고 따르며 아래로는 학생들이 형처럼, 오빠처럼 더 나이 들어서는 삼촌처럼, 아빠처럼 편하게 의지하는 선생님이었다.

더불어 누군가 부득이한 사정으로 결근하면 두말없이 수업을 대신 해주는 마음씨 좋은 선배이자 후배이며, 동료였다. 오죽했으면 야간이나 휴일에는 '밤 교장'이니 '토 교장', '일 교장'이라는 별명이 붙여졌을까. 대학 시절부터 그의 성품을 알고 있었지만, 경력이 쌓일수록 그는 학교뿐 아니라 교육청에서도 실력과 성실함을 인정을 받아 늘 불려 다녔다. 특히 고등학교 교육과정이나 입시지도에 탁월한 식견과 경험을 가진 베테랑 교사로 남다른 능력을 발휘하곤 했다. 점점 어려워져 가는 교단에서 보기 드물게 위아래로 많은 인정과 존경을 받는 이 시대의 진정한 선생님이었다.

그가 학교에서 교사의 사표師表로 인정받으면서 땀 흘려가며 아이들과 씨름할 때, 나는 학교를 떠나 교육청 장학사로 근무하게 되었다. 아이들을 직접 가르치는 일이 아니고 교실 수업이 제대로 이루어질 수 있도록 선생님과 학교를 지원하는 일이었다. 막상 위치와 역할이 달라지니 무엇보다도 관점이 달라져야 했다. 그러고 보니 내가 경험한 것은 극히 일부 학교였고 도시와 농촌의 지역 차이, 학교 규모 차이, 중학교와 고등학교의 차이, 고등학교 내에서도 일반계고와 특성화고의 차이 등 교육 철학이나 교육 방법에서 무수히 많은 경우의 수가 존재했다. 그 차이마다 고도의 전문성과 숙련도, 그리고 서로 다른 사명감을 요구하고 있었다.

지금이야 사무가 모두 전산화되어 문서작성과 통계처리, 문서발송이 한 번에 가능하지만 20여 년 전에는 컴퓨터가 막 도입되어 겨우 워드와 엑셀을 떠듬떠듬하는 단계였다. 당연히 워드보다는 타자기가, 엑셀보다는 전자계산기가 더 익숙했다. 문제는 처리하는 데 많은 시간이 필요해서 장학사 혼자서는 도저히 처리할 수 없다. 별수 없이 학교 선생님들의 도움을 받을 수밖에 없었고, 그들이 퇴근하여 저녁에 교육청으로 와서 밤이 늦도록 도와주어야 다음날 교육부로 보고할 수 있던 시절이었다.

가까운 몇몇 선생님들이 단지 동창 또는 후배라는 이유와 사무처리에 뛰어나다는 이유로 거의 날마다 번갈아 가면서 야간에 교육청으로 출근 아닌 출근을 하곤 했다. 지금 같아서는 꿈도 꾸지 못할 노동력 착취인 셈이다. 그러나 내가 그들에게 해줄 수 있었던 것은 저녁 식사나 야식을 사주는 게 전부였으니 참으로 순박한 시절이었다. 그래도 급한 일은 시도 때도 없이 생겼다. 그 어려운 시절에 그는 다급하게 불러대면 언제나 가장 먼저 달려오는 친구였다.

그렇게 주변 사람들의 조건 없는 도움과 무한 희생으로 힘든 장학사 시절을 무난히 지내고, 경력이 쌓이면서 승진도 하고 이 자리 저 자리에서 좋은 시절을 보내기도 했다. 세월은 강물처럼 쉼 없이 흘러 이제 퇴직을 얼마 남겨 놓지 않게 되었다. 이제는 밤에 다급하게 선생님들을 불러댈 필요도 없거니와 불러댄다고 기꺼이 달려와서 힘든 일을 같이해 줄 선생님은 더더욱 없다.

생각해보면 오늘날의 나는 내가 뛰어난 능력이 있어 여기까지 왔다고 생각할 수 없다. 누군가의 희생과 도움 없이는 안 된다는 것과 결코 혼자서는 안 된다는 것을 너무 잘 알고 있다. 더구나 S 같은 친구의 고마움은 언제나 마음의 빚으로 남아있을 뿐이다. 아직 그에게 선뜻 먼저 연락을 하지 못한 나는 염치를 모르는 사람 같아 부끄러웠다. 나는 그 친구의 메일 아이디를 잊었는데, 그가 아직도 나의 아이디를 잊지 않고 사진과 문자를 보내준 마음이 미안하면서도 반가웠다.

비비추의 꽃말은 '좋은 소식, 신비로운 사람, 하늘이 내린 인연'이라 한다. 그 옛날 '비비추'로 아이디로 정할 때 꽃말까지 생각한 것은 아니었다. 단지 '비비추'라는 어휘가 주는 아름다움과 발음할 때 느껴지는 편안함, 수수함, 무엇보다 내가 좋아하는 보랏빛 꽃이라는 것과 우리의 산과 들에서 피고 지는 흔한 우리 꽃이라는 자긍심이 합쳐져 첫눈에 반한 아이디였다.

그 당시에는 '비비추' 발음이 비슷해서인지 '비비큐' 또는 '피카츄'냐고 되묻는 사람이 많았다. 재미난 것은 '비비큐'라고 묻는 사람은 어김없이 치맥을 즐겨하는 주당파가 많았고, '피카츄'라고 묻는 사람들은 당시 유행했던 아이들 장난감 인형 명탐정 '피카츄'를 아는 젊은 엄마들이었다. 아무래도 좋았다. 주변에서 '비비추'라고 한마디씩 해주고 기억하는 사람이 있다는 것은 행복한 일이다.

세월이 많이 흘러 천천히 되돌아보니 이 아이디를 쓰면서 많은 사람을 만났고 많은 일을 해왔다. 비비추의 꽃말처럼 좋은 소식도 많았고, 하늘이 내린 인연이 아니면 만나지 못할 S 같은 친구도 있었다. '비비추'라는 아이디를 선택한 내가 신비로운 사람인가 아니면 조건 없는 도움을 끝없이 주었고, 오랜 시간이 흘렀어도 '비비추'를 기억해준 S 같은 친구가 신비로운 사람인가 잘 모르겠다. 아무래도 오늘 밤은 쉬 잠들지 못할 것 같다. 깊고 짙은 어둠이 두툼하게 내려앉은 밤이다.

(2020. 7.)

# 호미 연필

“얼매나 존지 몰러요. 아침에 인나서 핵교 올 생각만 허먼, 긍게 시방 이게 꿈이 아닝가 허요.” 주름진 얼굴에 웃음 가득 머금고 수줍은 듯 말끝을 흐리는 그녀들의 목소리는 들떠 있었고, 알록달록한 책가방을 메고 교실 문을 열고 들어오는 그녀들의 허리는 구부정한 당당함을 뿜어내고 있었다.

그녀들을 처음 만난 건 몇 년 전 김제 지평선 코스모스길과 망해사에서 바라보는 서해 낙조가 유명한 심포 들녘에 있는 심창초등학교의 입학식이 끝난 다음 날이었다. 수화기 너머로 다소 흥분된 듯

들뜬 목소리의 주인공은 그 학교 교장 선생님이었다.

농촌 지역 젊은이들이 일자리를 찾아 도시로, 도시로 빠져나가면서 그 빈자리에는 고령의 할머니 할아버지들만 남게 되었다는 건 오래된 이야기이다. 자연히 처녀, 총각은 물론 초·중·고 학생들도 찾기 힘들고, 아기들의 울음소리가 끊긴 지 오래되었다는 것 또한 익숙한 이야기이다.

어쩌다 마을에 신생아가 태어나면 마을 사람뿐 아니라 면사무소나 군청에서 출산 장려금과 분유, 기저귀 등 온갖 산후 조리용품을 가지고 직접 찾아와 축하해줬다는 뉴스를 종종 접하게 된다. 그래도 농촌 인구수가 해마다 급격히 줄어드는 것은 엄연한 현실이어서 언제부터인가 초등학교 취학대상자가 두 자리에서 한 자릿수로 줄더니 급기야는 면 전체에서 한두 명이라니, 상황이 얼마나 어려운가는 굳이 설명이 필요 없는 셈이다.

그날, 전화선 너머의 교장 선생님 목소리가 유난히 들떴던 이유는 일학년 입학생이 무려 네 명이나 되기 때문이었다. 최근 삼사 년 동안 두 명을 넘은 적이 없는데 올해는 특별한 입학생들이 세 명이나 들어와 몇 년 만에 처음으로 입학식다운 입학식을 치렀다고 하셨다.

초등학생 시절, 푸른 하늘에 만국기가 펄럭이는 운동장을 가득 메운 청군 백군 응원의 함성이 우렁찼던 가을 운동회나 한 교실에 육칠십 명이 와글와글 떠들어 까딱하면 혼나고 벌섰던 기억이 아직도 생생한데 그건 추억 속의 풍경일 뿐이었다. 불과 사오십여 년의 시간이 흘렀을 뿐인데 농촌학교 교실은 달랑 담임선생님 한 분과

학생 한두 명이 고작이라니 참으로 상상하기 힘든 현실이다. 어쩌면 할머니 학생 세 명이 없었다면 얼마나 쓸쓸한 입학식이었을까 생각하면 교장 선생님이 전화하신 이유가 충분히 공감되었다,

바로 다음 날 학교를 찾아갔다. 넓은 교실에 띄엄띄엄 놓인 책상 네 개에 손자뻘 되는 남자아이 한 명과 할머니 학생 세 명이 담임선생님과 함께 산수 공부를 하고 있었다. 수업 방해를 안 하려고 뒷문으로 살짝 들어갔지만 이내 할머니 학생 한 분이 "아이고, 선상님! 손님 오셨구만요."라고 말했고, 모두가 일제히 뒷문을 쳐다보면서 금세 교실은 웃음바다가 되고 말았다. 교장 선생님과 담임선생님은 안절부절못했지만 이미 엎질러진 물이었다.

별수 없이 수업은 중단되고 할머니들과 인사를 나누었다. 할머니 세 분이 서로 한마디씩 하려고 난리였다. "우리 선상님이 정말 좋아부러요."부터 시작해서 "새벽부터 일어나서 텃밭 풀 뽑고 아침밥해서 할아범 챙겨주느라 밥도 못 먹고 학교에 왔다."는 등 교실은 금방 시끌벅적해지면서 동네 사랑방이 된 듯했다. 마치 오랫동안 국민 드라마로 사랑받았던 〈전원일기〉의 한 장면인 듯, 대본 없이 생방송으로 찍는 한 편의 드라마 같은 순간이었다. 손주 같은 동급생 남학생도, 딸 같은 담임선생님도, 동생 같은 교장 선생님도 웃음꽃이 터졌고, 함께 있던 나 역시 웃을 수밖에 별도리가 없었다.

다음날 지역일간지에 대문짝만 하게 '할머니 학생이야말로 농촌 교육의 새로운 대안이자 좋은 롤 모델'이라는 제목으로 기사가 떴다. 다음엔 전국단위 주요 일간지에, 그다음엔 지역 TV 방송에 이어 중

앙 방송까지 한동안 할머니 학생 열풍이 식을 줄 몰랐다.

한동안 시간이 흐른 뒤, 언론이 잠잠해지자 할머니 학생들이 학교를 잘 다니시는지 궁금해졌다. 마침 인근의 다른 학교를 방문할 기회가 있어 일을 마친 뒤 미리 연락을하지 않고 불쑥 할머니 교실을 찾아갔다. 그날은 할머니 한 분이 머리에 알록달록한 고깔모자를 쓰고 노트에 뭔가를 열심히 쓰고 계셨다. 웬 고깔모자냐고 물으니 그날이 자신의 생일날이라고 담임선생님이 아침에 생일 축하 파티를 열어주면서 고깔모자를 선물로 줬다고 자랑하셨다. 생일 축하는 아침에 했는데 왜 지금까지 고깔모자를 쓰고 계시냐고 되묻자, 이런 모자를 써본 것이 난생처음이라 너무 좋아서 그렇노라고 하신다. 아~, 칠순을 바라보는 할머니들도 유치원 아이들과 똑같았다. 자신을 인정해주고 따뜻하게 존중해주면 누구나 자존감이 높아지면서 상대방을 존중하고 따뜻하게 대한다는 단순명료하면서도 동서고금을 막론하고 변하지 않는 진리를 할머니 학생들을 바라보면서 깨닫게 되었다.

더 놀라운 것은 할머니 학생들은 절대 결석을 하지 않으며, 너무나 열심히 공부하신다는 점이었다. 담임선생님이 내는 숙제를 한 번도 거를 때가 없고, 숙제를 서로 먼저 검사 맡으려고 아침에 앞다퉈 일찍 학교에 오신다고 한다. 들판에서 일할 때도 한글 공부를 한다고 자랑하신다. 얼른 알아듣지 못하자, “우리는 밭을 맬 때도 호미로 기억, 니은, 디귿을 쓰면서 땅을 파요. 호미가 연필이요, 연필……. 그라고 밭은 공책이지라. 돈 주고 안 사는 공짜 연필이고 공짜 공책

아닝교?" 하면서 주름진 얼굴에 머쓱한 웃음을 짓는다.

그 순간 "낫 놓고 기역 자도 모른다.'라는 속담이 불현듯 떠올랐다. 오죽했으면 기역 자 모양의 낫을 보고도 기역 자를 모를까 하면서 글자를 모르는 무식함을 빗댄 말일 게다. 어쩌면 무더운 여름날 풍광 좋은 계곡 정자에서 시 한 수씩 읊던 양반들이 글 못 배운 아래 사람들에게 했던 말일 수도 있다. 그렇다면 밭을 매면서도 호미를 연필 삼아 땅에 글자를 써가며 익히는 할머니들의 공부 열정은 어떻게 설명할 수 있을까. 가난한 집안에서 태어나, 먹는 것도, 입는 것도, 학교 보내는 것도 언제나 아들들이 먼저이고, 딸들은 오히려 논밭으로, 공장으로 내몰렸던 슬픈 이야기는 알고 보면 집집마다 동네마다 넘쳐나리라.

최근 코로나 정국을 지나오면서 우리나라가 얼마나 방역 선진국인가, 아니 의료선진국인가, 또 전염병이라는 위기 극복을 위해 국가의 역할을 얼마나 충실히 해내고 있는가를 새삼 깨닫게 되었다. 더불어 민주시민 정신과 공동체 의식 수준이 경제, 사회, 문화, 예술, 스포츠 등 일상생활 전반에 걸쳐 얼마나 높은가를 우리 스스로만 모르고 있었던 셈이었다. 세계 10대 강국 진입이 코앞에 다가왔다는 뉴스가 신문방송의 첫머리를 장식할 때마다 설마 설마 했던 나 자신이 부끄럽기도 했다.

오늘날 우리나라가 의료강국, 문화강국, 경제강국과 같은 실질적인 국격 상승의 뒤안길에는 밭을 매면서도 호미로 글자를 배우는 우리 국민의 근면성과 우수성이 있었기에 가능했을 것이다. 아니 어쩌면 이 땅의 수많은 언니, 누나, 어머니들의 보이지 않은 희생이 있었기에 가능했는지도 모른다.

올해로 그 할머니 학생들은 아마 5학년쯤 되었을 것이다. 호미 연필은 이제 더 이상 필요 없을 것이고, TV 뉴스 자막도 혼자서 술술 잘 읽으실 것이다. 멀리서 손자 손녀들이 보내는 카톡도 잘 읽으실 것이고, 느리지만 천천히 답장도 쓰실 것이다. 무엇보다도 일요일 낮 12시가 되면 '전국노래자랑~'하고 외치는 TV를 보면서 노래 부르는 사람이 어디 사는 누구인지를 노래 제목이 무엇인지를 굳이 옆 사람에게 물어보지 않아도 혼자서 척척 알아내실 것이다. 행여라도 그 할머니들이 6학년 졸업장을 받는 날, 불러만 준다면 꽃다발을 들고서 무조건, 무조건 달려가고 싶다. "……태평양을 건너 대서양을 건너 인도양을 건너서라도 당신이 부르면 달려 갈 거야 무조건 달려 갈 거야 짜라짜라 짜라짜라 짠짠짠……."라는 노래는 부르라고만 존재하는 건 아닐 것이다.

(2020. 7.)

# 내 안에도 수상한 그녀가 있을까

요즘 들어 부쩍 자주 영화관을 찾는다. 예전 같으면 꿈도 꾸지 못 할 일이다. 지금까지 온종일 직장에서 일하다 퇴근하면 식사 준비와 아이들 뒤치다꺼리에 바빴고, 휴일이면 밀린 빨래와 청소에 늘 쫓기듯 살았다. 아침이면 단 몇 분이라도 더 자고 싶어 안달했고, 쉬는 날이면 낮잠 한 번 실컷 자는 것이 오랜 꿈이었다. 내가 누구인지, 내가 좋아하는 것이 무엇이고, 진정 내가 하고 싶은 것이 무엇인지, 생각할 겨를도 없이 하루하루가 지나갔다.

어느덧 두 아들이 장성하여 집을 떠났고, 결혼 초부터 함께 사셨던 시아버님께서 몇 년 전 세상을 뜨신 뒤, 팔순 시어머님과 예순을 바라보는 남편, 나 이렇게 셋만 남게 되었다. 북적이던 집안이 조용해졌다. 복잡한 아파트 생활을 청산하고 봉실산자락으로 들어온 뒤로는 때때로 적막하기조차 하다. 휴일에도 일이나 가족이 아닌 순수하게 나 자신만을 위한 시간을 가질 수 있게 되었다. 음악회에 가고, 영화도 보고, 책 읽고, 산책하고……. 이런 소소한 일들을 할 수 있는 꿈같은 시간이 나에게도 주어진 것이다.

그 영화를 본 것은 여고 모임에서였다. 솔직히 영화보다도 그저 같이 모여서 점심 먹고 수다나 실컷 떨어보자는 데 더 마음이 끌렸다. 여럿이 모이다 보니 부담 없이 웃고 떠드는 코미디 영화로 의견을 모았고, 그래서 보게 된 영화가 바로 〈수상한 그녀〉였다. 제목부터 수상했다. 왜 그녀가 수상할까. 이유는 간단했다. 외모는 20대 아가씨인데 행동이나 말씨, 식성은 영락없는 70대 할머니였기 때문이다. 욕쟁이 할매 오말순 여사가 사진관에서 영정사진을 찍다가 오드리 헵번을 닮은 우아하고 예쁜 아가씨 오두리로 변한다는 설정은 발상 자체가 유쾌했다. 사진관을 찾은 이유를 알면 더 통쾌하다. 남편 없이 젊어서 혼자되어 어렵게 키워낸 아들 부부가 이제는 자신을 요양원으로 보내려 한다는 사실을 알고 서글프기도 했지만 내심으로는 '어디 나 없이 잘 사나 두고 보라'며 분기탱천하여 가출했기 때문이다.

더구나 20대 오두리는 노래를 잘해서 실버 카페나 노래자랑에서 인기를 얻고 전성기를 누린다. 자신을 못 알아보는 손자와 방송국

피디 같은 젊은 남자들이 그녀에게 관심을 보이는 대목이나 한평생 오말순 여사를 아씨로 짝사랑하던 친구 할아버지가 뒤늦게 오두리의 정체를 알게 되면서 젊어지기 위해 눈물겨운 노력을 하는 대목은 웃프기까지 했다.

분명 분장이나 표정, 대사들이 배꼽이 빠질 정도로 웃긴다. 그러나 오두리가 노래를 부를 때면 왠지 나도 모르게 눈물이 나왔다. 특히 "음~ 생각을 말아요. 지나간 옛일을……"로 시작되는 〈하얀 나비〉를 열창할 때는 더욱 그랬다. 젖먹이 아들을 등에 업고 시장바닥에서 장사하던 그녀에게도 가수가 되고 싶던 20대 시절이 있었다. 온갖 고생을 했던 지난 시절을 생각하며 애절하게 부르는 그녀의 눈에서 하염없이 눈물이 흐른다.

나의 어머니 오옥 여사도 그렇게 우리를 키우셨을 것이다. 5남매 중 넷째인 내가 초등학교 5학년 때 아버지가 돌아가셨다. 그때부터 혼자서 자식들을 학교 보내고 시집 장가 보내셨으니 넉넉하지 않은 살림에 얼마나 고생하셨을지 생각하면 가슴이 아프다. 비단 나의 어머니뿐이랴. 누구랄 것도 없이 일제 강점기와 6·25를 겪으면서 그저 하루하루 밥 굶지 않고 자식 학교 보내며 사는 것에 급급했던 우리 부모 세대들이 아닌가. 그럼에도 불구하고 노래 부르는 오두리의 눈에 흐르는 눈물이 나에게는 남다르게 다가왔다.

초등학교 6학년 겨울로 기억된다. 동네잔치에서 동동주를 한 잔 드시고 밤늦게 들어오신 어머니께서 기분이 좋으신지 흥얼흥얼 노래를 부르기 시작했다. 생전 처음 듣는 어머니의 노래였다. 무슨 민요 자락이었다. 노랫소리에 잠이 깬 나는 차마 일어날 수가 없었다. 어린 마음이지만 노래하는 어머니를 어쩐지 내가 보면 안 될 것 같은 생각이 들었다. 이불 속에서 잠을 자는 척하고 들은 어머니의 노래는 구슬펐다. 늘어진 테이프처럼 같은 자락을 부르고 또 부르셨다. 끊어질 듯 말 듯 이어지는 노래는 한없이 계속되었다.

그러다 노랫소리가 들리지 않아 이불을 살짝 들춰보았다. 어머니는 흐느끼고 계셨다. 어머니가 왜 우시는지 알 수 없었지만 나도 덩달아 눈물이 났다. 소리 내지도 못하고 이불 속에서 훌쩍이다가 언제 잠이 들었는지 모르게 잠이 들고 말았다. 지금 생각하면 남편 없이 혼자 살기가 너무 고단하고 5남매를 키우고 결혼시켜야 된다는 막중한 책임에 혼자만 훌쩍 저세상으로 떠나신 아버지가 야속해서 우시지 않았을까 싶다. 여하튼 그때 들은 어머니의 노랫소리와 그때 본 어머니의 눈물은 그 뒤로 오랫동안 잊히지 않았다. 그리고 영화 속 오두리의 노래와 눈물을 보면서 그때 그날 밤을 떠올렸다.

생각해보면 어머니에게도 꿈 많은 20대 꽃다운 청춘이 있었을 것이다. 하고 싶던 일도 많고 가고 싶은 곳도 많았을 것이다. 어머니뿐 아니라 이 땅의 모든 부모들도 마찬가지였으리라. 그러나 자식들은 그 점을 너무 쉽게 간과하고 있다. 더구나 손자 세대들은 할머니 할아버지들은 태어날 때부터 그렇게 늙고 힘없는 모습으로 잔소리나 하는 존재들로 인식하고 있는 건 아닌지 모르겠다.

영화는 수상한 그녀, 오두리를 통하여 할머니 할아버지들을 대신해서 자식들과 손자들에게 크게 한 방 날리고 있었다. 요즘 사회적으로 문제가 되고 있는 외로움과 빈곤으로 우울한 삶을 살면서 자살을 생각하는 노인 세대들이 마지막으로 이 사회에 하고 싶은 말이 있다면 바로 '우리도 너희와 같은 시절이 있었단다.', '우리가 처음부터 늙고 힘없는 건 아니었단다.', '세월이 가면 너희도 늙어간단다.' 이런 말들이 아닐까.

시대가 다르고 세태는 달라져도 우리 부모들도, 그들이 키워낸 우리도, 그리고 우리가 키워낸 자식들도, 그 자식의 자식들도 누구나 빛나는 20대 시절은 있을 것이다. 꿈도 있고, 하고 싶은 일도 많고 좋아하는 것도 많을 것이다. 그러고 보면 우리 가슴속에는 누구나 오두리가 되고 싶은, 수상한 그녀가 있을지 모른다. 우리는 시들어가는 꽃잎처럼 언젠가는 떠나야 하기에 그리 슬퍼할 것도 없을지 모른다. 꽃잎은 시들어도 씨앗을 만들고 그 씨앗이 다음 해에 또 꽃으로 피어날 것이니 서러워할 것도 없을지 모른다.

그날 이후, 나도 모르게 내 안에 수상한 그녀가 들어온 듯하다. 그 옛날 어머니가 민요 자락을 부르고 또 부르셨듯이 나 역시 〈하얀 나비〉 한 자락을 부르고 또 부르면서 나도 탱글탱글한 오두리가 되어보는 즐겁지만 가슴 아픈 상상 속에 빠져본다.

> 음~ 생각을 말아요/ 지나간 일들은/ 음~ 그리워 말아요/ 떠나갈 님~인데/ 꽃잎은 시들어요/ 슬퍼하지 말아요/ 때가 되면/ 다시 필걸/ 서러워 말아요 음음~ 음음~.

(2014. 2.)

# 연두

적막한 어둠 속에 빗방울 떨어지는 소리가 들린다. 봄비다. 처마 밑에 똑똑 떨어지는 빗소리에 봄이 앞산 어디쯤 오고 있구나 생각하니 마음은 어느새 봄빛이 눈부셨던 그 시절로 돌아간다.

그날은 4월 1일이었다. 그 시절에도 인쇄된 청첩장이 있었지만 무슨 호기였는지 내가 직접 붓으로 그리고 몇 자 적은 청첩장을 만들어 보냈다. 백지에 연두와 노랑 두 줄기로 무지개 모양을 만들고 일시와 장소를 써서 결혼식에 초대한다고 했으니 여기저기서 전화가 왔다. 만우절에 장난하는 거 아니냐고. 난 단지 봄날에 연두가 마음에 꽂혔을 뿐이었는데…….

신혼 초 한동안은 해마다 결혼기념일에 여수를 갔다. 벌써 37년 전이다. 자가용은 엄두도 못 내던 시절이었으니 늘 기차를 타고 갔다. 지금이야 KTX로 금방 가겠지만 그 시절에는 새마을호도 생기기 전이었으니 완행인 통일호와 급행인 무궁화호가 전부였다. 넉넉지 못한 신혼살림이지만 그날만은 무궁화호를 타는 호사를 누리곤 했다.

전주를 떠나 임실, 오수, 서도, 남원을 지나 곡성, 압록, 순천을 지나면 여수가 마지막이었다. 이제 막 연분홍 꽃망울을 터트리기 시작한 진달래에 취하다 보면 어느새 섬진강 은빛 모래가 반짝였다. 졸리다 싶으면 이내 푸른 바다가 눈앞에 펼쳐지면서 여수에 도착하곤 했다. 오동도까지 방파제 길이 한없이 멀게 느껴지면서도 바로 발밑에서 부서지는 파도 소리가 무감각해질 무렵이면 붉은 동백꽃이 눈앞에 가득했다.

어느 해였던가. 그해도 어김없이 결혼기념일에 여수에 갔고, 온갖 해물로 풍성하게 차려진 저녁을 먹은 후 시내를 한가히 걷고 있었다. 요즘 같으면 〈여수 밤바다〉 노래가 거리에 넘쳐나겠지만 그때는 〈빙글빙글〉이라는 노래가 유행이었다. 봄밤에 살랑대는 바람이 한없이 부드러웠고 이따금 멀리서 뱃고동 소리가 들리던 그날 밤, 가게 쇼윈도에 구두 하나가 눈에 띄었다.

연두색이었다. 바로 그 앞에서 멈춰 섰다. 눈치 빠른 남편이 맘에 드는 구두가 있냐고 물었고, 나는 말없이 고개만 끄덕였다. 한 치의 망설임도 없이 남편은 내 손을 끌고 가게 안으로 들어갔다. 나는 신데렐라가 된 기분으로 제발 구두가 내 발에 딱 맞기를 간절히 원했다.

그러나 아쉽게도 내 발에는 조금 작았다. 신을 수는 있지만 걷기에는 불편했다. 그렇다고 더 큰 사이즈가 있는 것도 아니었다. 난 사야 할지 말지 잠시 고민에 빠졌다. 포기하기엔 연두가 너무나 매혹적이었다. 구두가게 아저씨는 신다 보면 조금 늘어난다고 부추겼고, 내가 주저주저할 때 남편은 예쁘게 포장해 달라며 지갑을 꺼냈다.

그날 밤, 여수 밤거리의 불빛이 그렇게 아름다울 수가 없었다. 물론 그 연두색 구두는 끝내 신발장 맨 위 칸에 조용히 자리를 지키고 있었다. 하지만 한동안 신발장을 열 때마다 여수 밤바다의 철썩거리는 파도 소리가 들리는 듯 가슴이 두근거리곤 했다.

여수는 그 이후로도 한동안 자주 갔다. 어느새 두 아이가 생겼고 마이카 시대가 되어 더 이상 기차를 타고 여수에 가진 않았다. 더 이상 여수 밤거리를 남편과 손잡고 다니지도 않았다. 대신에 차 뒷자리에 아이들을 태우고 아이들이 좋아하는 음식을 먹었고, 거북선을 보았고, 돌산대교를 걸었고, 아이들이 두 번 다시 가지 않겠다고 떼를 썼던 진남관을 갔었다.

이제는 같이 다닐 아이들도 곁에 없다. 그래도 그때가 풋풋했던 내 인생의 연두가 아니었나 싶다. 빗줄기가 점점 더 굵어지나 보다. 처마 밑에 떨어지는 빗방울 소리가 더 크게 들린다. 이 비 그치면 집 앞 동쪽 실개천의 능수버들 가지마다 연두가 수북이 올라올 것이다. 서도 들판에 연두가 물오를 때 혼례를 갓 치른 종손 강모가 사촌 여동생 강실을 바라보며 '……심정이 연두로 물들은들……'이라고 되뇌던 그 '연두'가 생각나는 밤이다.

(2020. 2.)

# 콩각시

"연분홍 치마가 봄바람에 휘날리더라/ 오늘도 옷고름 씹어 가며……/ 꽃이 피면 같이 웃고 꽃이 지면 같이 울던/……봄날은 간다" 누구나 하나쯤은 가슴속에 담고 있는 노래가 있겠지만 언제부터인지 나의 애창곡이 되어버린 〈봄날은 간다〉 노래의 한 구절이다.

몇 해 전인가. 우연히 보게 된 영화 〈봄날은 간다〉에서 사랑으로 아파하는 손자를 치매에 걸린 할머니가 아무 말 없이 등을 도닥여줄 때 끊어질 듯 애절하게 흐르는 음악이 바로 이 노래였다. 사랑도, 인생도 짧은 봄날처럼 한낱 스쳐 지나갈 뿐이라는 듯 연분홍 치마저

고리에 하얀 양산을 받쳐들고 치맛자락을 펄럭이시던 할머니의 뒷모습으로 끝나는 장면에서도 이 노래가 흘러나왔다.

그 후 혼자 있을 때면 이상하게도 이 노래가 한 구절씩 띄엄띄엄 생각난다. 온 산에 서로 다른 초록이 점점이 박힌 5월의 신록을 만끽하는 출퇴근길에 흥얼거리는 가락도 이 노래였다. 나도 모르게 머리에서 가슴에서 입에서 이 노래가 떠나지 않는 건 영화 속 그 할머니 모습에서 다시는 만날 수 없는 나의 어머니 모습이 겹쳐져 떠오르기 때문이다.

오옥 여사. 작달막한 키, 작은 눈, 비녀 꽂은 머리의 주름진 어머니. 쌍둥이 이모님의 이름이 '오쌍례'인 점을 생각하면 구슬 옥자 '옥'이라는 세련미가 넘치는 이름을 가지셨던 어머니. 어린 시절 쪽 찐 머리가 창피해서 학교에 찾아오시는 것조차 꺼려했던 어머니. 초등학교 5학년 때 갑자기 돌아가신 아버지를 대신하여 악착같이 5남매를 키워내신 어머니. 가난한 살림살이에 장남을 남편같이 의지하면서 힘들게 살아오신 어머니. 한 집안에서 '아버지' 자리를 모르고 자란 나는 결혼한 뒤 금슬 좋게 사시는 시부모님의 모습을 보고서야 어머니께서 삶의 굽이굽이 얼마나 외롭고 고단하게 살아오셨는지 어렴풋이 알게 되었다. 그래서 '어머니'라는 말만 들어도 가슴이 먹먹해지면서 아득해지곤 했다.

그런 어머니에게도 꽃다운 시절이 있으셨을 것이다. 새 각시 때 어머니는 작은 키에 예쁘고 야무져서 동네 사람들이 '콩각시'라 불렀다고 한다. 어머니가 목수 일을 하셨던 아버지 일터로 점심을 가지고 나타나면 아버지는 남이 볼세라 어서 빨리 집에 가라고 재촉하셨다고 한다. 예쁜 각시를 남이 보면 아까워서였을까, 아니면 고생하는 것이 안타까워서였을까. 키 크고 건장하셨던 아버지가 당신의 어깨에도 못 미치는 작은 키의 어머니에게 늘 꼼짝 못 하시던 모습이 어릴 적 생생한 기억 중의 하나이다.

그 시절, 장날이면 한복을 곱게 입고 머리에 보따리를 이고 가시는 어머니를 따라 이십 리도 훨씬 넘는 산길을 걸어가면 전깃불이 들어오는 오수였다. 그 오수 장터에서 먹었던 국수는 얼마나 맛있었던가. 어머니를 따라 대정리 외갓집을 가자면 오수와 서도 사이의 전라선 기찻길 옆 목화밭 어귀에는 간혹 찐빵 파는 아줌마가 있었다. 광주리를 덮고 있는 삼베보자기를 들추면 김이 모락모락 나던 찐빵의 유혹은 얼마나 강렬했던가. 조르고 졸라 얻어먹은 찐빵은 또 얼마나 달콤했던가.

해마다 5월이 되면 어버이날을 맞아 학교에서 편지쓰기를 한다. 작년에 우리 학교도 어버이에게 편지쓰기를 했다. 몇 달 전 병환으로 돌아가신 아빠를 그리워하며 엄마에게 쓴 소현이의 편지가 최우수작으로 뽑혔다. 어버이날 아침, 소현이의 편지는 방송으로 전 교실에 낭송되었다. 담담히 읽어가던 소현이가 어느새 눈물범벅이 되고 목이 메어 읽지 못하고 흐느끼는 소리가 전교생에게 생생하게 전달되었다. 조용하던 교실 여기저기서 코를 훌쩍이는 소리가 들리고, 아이들과 함께 눈시울이 붉어진 선생님들의 모습은 더 이상 무슨 말이 필요 없는 순간이었다.

그날 아침 소현이의 눈물은 우리 모두를 부끄럽게 만들었다. 생각해 보면 우리는 모두 누군가의 아들딸이고 누군가의 어버이다. 그날따라 콩각시 어머니의 쪽 찐 머리가 사무치게 그리웠던 건, 나 자신도 두 아들의 어머니이기 때문이었다.

부끄럽지 않은 어버이가 된다는 것은 부끄럽지 않은 선생님이 되는 것과 같다. 왜냐면 우리 곁에는 어머니를 그리워하는 수많은 소현이가 있고, 그 소현이에게 필요한 것은 어머니 같은 선생님이 아닐까. 그날, 하루 내내 어머니 같은 선생님, 아니 콩각시와 선생님이 머릿속을 떠나지 않았다. 그날, 하루 내내 〈봄날을 간다〉 노랫가락도 내 입가를 떠나지 않았다.

(2010. 5.)

# 일 잘하는 사내

《토지》 작가 박경리 선생님은 일찍이 서울 생활을 청산하고 원주 치악산 자락으로 내려가 집필과 후진 양성 그리고 손수 농사를 지으면서 노년을 보내셨다. 자신을 따르던 젊은 문하생들에게 노老작가는 '다시 태어나면 일 잘하는 사내를 만나 깊고 깊은 산골에서 농사를 짓고 싶다.'고 하셨다 한다. 그 말을 들은 제자들이 울었다는 이야기를 듣고 작가는 홀로 살다 홀로 남은 팔십 노구 자신의 외로운 처지가 안쓰러워서 울었을까 아니면 저마다 맺힌 한이 있어 울었을까 생각했다고 한다. 그러나 그게 아니고 누구나 본질을 향한 회귀본능, 누구나 순리에 대한 그리움 때문에 울었을 거라고 끝맺음을 한 작가의 유고 시를 몇 년 전에 읽은 적이 있다.

〈일 잘하는 사내〉, 김제에 있는 국립 ○○○ 센터에서 퇴임하시는 김 원장님과의 석별을 아쉬워하면서 돌아설 때 왜 하필 그 시가 생각났는지 모른다. 농학박사로 평생을 농업과 함께하셨기 때문일까, 아니면 천생적으로 우리 땅 우리 농사에 대한 순수한 사랑을 온몸으로 보여주셨기 때문일까, 그것도 아니면 까무잡잡한 외모에 고향마을 옆집 아저씨 같은 소탈하고 푸근한 인상 때문일까. 이도 저도 아니라면 감히 박경리 선생님의 시처럼 원장님의 존재가 본질에 대한 회귀본능과 순리에 대한 그리움 자체일까.

원장님을 처음 만난 건 2014년 김제 ○○○축제 전야제의 만찬 자리였다. 그해 9월에 지역 교육청에 갓 부임한 나로서는 처음으로 지역 내 기관장뿐 아니라 전국에서 초청된 수백 명의 내빈들을 한꺼번에 만나는 자리였다. 이제 겨우 김제 시장님과 시의장님 정도 얼굴을 익혀갈 무렵이어서 적잖이 어색하고 긴장된 순간이었다. 차에서 내려 만찬장으로 향할 때 누군가가 환한 미소를 지으면서 유난히 반갑게 맞이해주는 분이 계셨다. 김 원장님이셨다. 만찬 장소가 바로 원장님의 일터라고 하셨다. 따뜻하게 반겨주신 원장님 덕분에 곧 편안해지긴 했지만 그때는 감사하다는 인사도 변변히 챙길 줄 몰랐던 초짜 기관장이었다.

그 후 원장님을 다시 뵙게 된 것은 다음 해 2월, 도교육청에서 지자체나 지역의 공공기관과 지역 교육청이 연계한 교육 특구 사업을 공모할 때였다. 지역과 함께하는 교육청의 역할을 제대로 수행하기 위해서는 꼭 필요한 사업이었다. ○○○센터와 업무협약이 시급했지만, 교육청이 처한 여건은 많이 어려웠다. 염치 불고하고 찾아가 도움을 청했을 때 원장님의 첫 마디는 "해 봅시다."였다. 그때 짧은 그 한마디가 얼마나 힘이 되었는지. 갑자기 '그래, 정말 세상은 살만한 곳이야.'라는 안도감과 고마움 그리고 가슴 뛰는 설렘이 한꺼번에 몰려왔다.

아쉽게도 우리는 비록 공모사업에서는 탈락했지만 원장님으로부터 더 큰 선물을 받았다. 지역의 취약계층 학생 천여 명에게 ○○○센터에서 운영하는 생태와 환경, 첨단 미래 농업에 대한 다양한 진로 체험을 무료로 할 수 있는 기회를 주신 것이다. 억대가 넘는 큰 예산이 소요되는 전국 최고 수준의 농 생명 체험 국립기관으로서 말 그대로 지역에 교육 기부하는 좋은 사례를 지역 최초로 만들어주신 것이다. 그러고 보면 원장님은 원래 교육자의 성품을 타고나시지 않았을까 하는 생각이 들 무렵, 선친께서 초등학교 교장 선생님을 지내신 분으로 남다른 가정교육을 받으셨다는 것을 알게 되었다.

도 농협본부장, 도청 부지사, 벤처 포럼회장, 대학교수, 총장, 그리고 국립센터 원장까지 다양한 직장과 직책을 거치면서 경영인과 기관장, 고위 공직자로서 몸에 밴 성실함과 투철한 책임감, 겸손과 친절함에서 나오는 따뜻한 배려, 상상을 초월하는 높은 안목과 과감한 결단성, 폭넓은 교양과 깊은 전공지식, 지칠 줄 모르는 도전 정신과 뜨거운 열정이야말로 원장님의 원형질이자 본질이라는 것을 알게 되기까지는 그리 긴 시간이 걸리지 않았다. 오죽하면 '오늘 죽을 것처럼 일하고 평생 살 것처럼 공부하라.'를 좌우명으로 삼으셨을까.

언제부터인가 박경리 선생님께서 다시 태어나서 평생을 같이 살고 싶어 하셨던 '일 잘하는 사내'가 바로 원장님이 아닐까라는 생각이 들었다. 또한 '굴양식'이 아니고 '김양식'이라는 별명에는 어떤 재미난 사연이 있을까 하는 궁금증이 생겼다. 불현듯 원장님의 김 양식 줄기 같은 그리 많이 남아있지 않은 곱슬머리가 보고 싶어졌다. 짧은 만남이었지만 큰 울림으로 살아 있는 동안 오래 기억하고 싶은 분. 자연인으로 돌아가 또 다른 시작을 꿈꾸는 행복한 도전자, 일 잘하는 사내, 김○○ 원장님. 부디 건강하시고 내내 행복하시길 바랄 뿐이다.

(2015. 7.)

# 봄동

일요일 한낮, 거실에 쏟아지는 햇살이 따사로워 보였다. 벌써 2월도 중순이니 봄이 올 법도 하련만 강원도 어디는 폭설에 파묻혀 있다는 소식에 몸도 마음도 아직은 웅크려지던 차였다. 겨우내 드리웠던 커튼을 젖히고 거실 창문을 열어보았다. 살 끝에 스치는 바람이 차갑지 않았다.

마당에 나가보니 대문 옆 홍매화 가지마다 벌써 발그레 꽃망울이 맺혀있고, 동쪽 끝자리에 서있는 산수유 줄기 끝에도 노르스름한 새순이 보였다. 그 옆의 목련도 크고 두툼한 꽃눈이 붓촉을 세워놓은 듯 뭉텅뭉텅 달려 있다. 앞마당에 여린 봄빛이 가득하다.

텃밭에 나가보았다. 한겨울에 마늘과 양파가 그리도 몸살을 하더니 어느새 한 뼘씩 자라 제법 파릇파릇하다. 지난가을 뽑지 않고 묵혀두었던 배추 몇 포기가 헤벌레 입을 벌리고 있다. 잎마다 끄트머리가 누르스름하게 너덜너덜 말라 있고, 작달만한 배춧잎이 납작 누워있다. 마치 군데군데 칠이 벗겨진 금테를 두른 꽃받침 위에 작고 노란 연두 꽃송이가 핀 듯하다. 봄동이다.

김장배추는 노란 속이 꽉 차고 두 팔로 안기 힘들 만큼 몸통이 무거울수록 대접을 받지만 간혹 속이 안 차고 잎도 덜 자라 볼품없는 못난이 배추는 뽑지도 않고 버려둔다. 그 배추들이 추운 겨울이면 땅바닥에 엎드려 눈 서리를 맞는다. 날이 풀리면서 자연히 잎줄기가 통통해지고 달짝지근하면서도 부드러운 봄동이 된다.

봄동은 겨우내 묵은 김치에 싫증 난 입맛들이 새봄의 새 맛을 원할 때 쭉쭉 손으로 찢어 초고추장으로 겉절이를 하거나 된장에 쌈을 싸 먹을 때 제맛이다. 가을에는 아무도 거들떠보지 않던 천덕꾸러기가 춥고 긴 겨울을 견디어 봄이 되면 남녀노소 누구나 좋아하는 봄동이 되는 것을 보면 마치 패자부활전에서 간신히 살아남아 마침내 승리를 거두는 역전 우승의 주인공을 보는 것 같다.

김치를 담글 수 있는 채소가 비단 배추만은 아니겠지만 그래도 가을에 담그는 김장 배추김치가 최고 아니던가. 배추의 입장에서도 김장김치로 담가질 때 제일 행복할 것이다. 하지만 김장배추로는 대접받지 못한 못난이 배추도 추위를 이겨내는 기나긴 고통 끝에 봄동이 되어 뭇 사람들의 사랑을 받는 것을 보면 배추도 사람처럼 알 수 없는 운명이 따로 정해져 있는 듯하다.

그러고 보니 봄동 같은 친구가 하나 있다. 여고를 졸업하고 오랫동안 소식이 끊겼던 친구였다. 결혼을 했는지 안 했는지도 알 수 없었다. 30년도 더 세월이 흐른 어느 날, 남편 직장 부부동반 모임에서 그 친구를 만났다. 결혼 초에는 친구 부부가 회원이 아니었으나 몇 년 전 새로 들어온 회원의 부인이 바로 그 친구였다.

그런데 한눈에 봐도 친구 부부는 평범해 보이지 않았다. 부인을 챙기는 남편의 눈길이 그윽했고 부인 역시 남편을 알뜰살뜰 하늘같이 받들었다. 마치 이팔청춘이 아닌 머리 희끗한 이몽룡과 주름진 성춘향이 뒤늦게 만나 늙어가는 사랑을 아쉬워하는 듯 애절함이 묻어났다. 서로의 사랑을 표현하기에 주저하지 않아 옆에 있는 사람이 오히려 무색할 지경이었다.

친구는 남편을 서슴없이 '하니'라고 불렀다. 만화의 주인공 '달려라 하니'일 리는 만무하고 '꿀처럼 달콤한 당신'이라는 뜻인 듯했다. 식당에서 반찬을 남편 밥 위에 놓아주는가 하면 입가에 묻은 반찬 자국을 닦아주기도 했다. 남편 역시 그런 마누라가 사랑스러운 듯 "왕후마마, 이게 맛이 좋으니 어서 드셔 보시오."라고 하면서 닭살 부부의 면모를 여과 없이 보여주었다.

옆에 있던 다른 남편들이 멋쩍었는지 농담 반 진 담반 "나도 저런 마누라하고 한번 살아보고 싶다."라고 호들갑을 떨었다. 부인들 역시 "저렇게 일편단심으로 마누라를 위해주는 남편이랑 단 하루라도 살아보는 게 소원이다."라고 맞장구를 쳤다. 친구 부부가 살아가는 모습은 어색하고 낯설어 보였다. 하지만 굳이 말하지 않아도 그 자리에 있던 우리는 그들 부부의 살아가는 모습을 부러워하고 있음에 틀림없었다.

어쩌면 사랑이 뭐고 결혼이 뭔지도 모른 채 그냥저냥 결혼생활을 시작한 우리가 가을 배추라면, 그 친구는 오랜 시간 혼자라는 외로움을 견뎌내 뒤늦게 더 산뜻하고 더 달콤한 신혼을 보내는 봄동일지도 모른다. 활짝 피어보지도 못하고 말라버리는 꽃보다 뒤늦게라도 피어나는 꽃이 더 아름답고, 끝까지 뛰어보지도 못하고 중도 포기해버리는 마라토너보다 힘들어도 참고 꼴찌로라도 결승선에 들어오는 선수가 진정한 스포츠맨임을 우리는 너무나 잘 알고 있지 않는가.

언제부터인가 마누라들이 먼저 그 친구를 '봄동'이라고 부르기 시작했다. '봄동'이라는 말에서 느껴지는 상큼함과 푸근함, 정겨움 때문에 자꾸자꾸 불렀다. 그 친구 역시 '봄동'이라 불리기를 싫어하지 않았다. 친구 부부가 들어온 뒤 우리는 누가 먼저랄 것도 없이 그때까지 잘 불러오던 '○○회'라는 명칭보다 '봄동 모임'이라 부르기를 즐겼다.

3월이 오기 전에 언제 텃밭에 있는 봄동을 캐다가 '봄동' 사람들을 불러 새봄의 싱그러움을 같이 나눌까 보다. 남쪽 앞마당의 배롱나무에 앉아있던 까치 한 마리가 2월의 햇살 속으로 푸드득 날아간다.

(2014. 2.)

# 오동잎

대학 1학년 때였다. 봄날이라 해도 3월의 캠퍼스는 아직 바람 끝이 차가웠다. 나는 날마다 아침이면 무슨 옷을 입고 학교에 갈까 고민했다. 철딱서니 없고 우습게 들릴지 몰라도 당시는 나름 심각한 고민이었다. 불과 몇 달 전만 해도 하루 내내 책상에 앉아있었고, 책상에 엎드려 쪽잠으로 날 새운 적도 많았다. '빈 수레가 요란하다.'고 실제 공부를 잘했느냐는 별개로 대학 캠퍼스에서 느끼는 해방감과 자유는 고3 시절 못다 잔 잠이 아깝지 않을 정도였다. 책은 쳐다보기도 싫고, 강의도 건성건성 들으며 오로지 관심사는 '내가 어떻게 보일까'와 '누굴 만날까'였다.

그래서 어제와는 다른 옷이 필요했고, 예쁜 옷을 입고 싶었다. 누구는 예쁜 옷도 많고, 누구는 날씬해서 아무거나 입어도 멋져 보였는데 가난한 자취생에게는 그저 그림의 떡이었다. 날씬한 것도 아니고 옷도 티셔츠에 청바지가 고작이었으니 아침에 학교 갈 때는 늘 우울했다.

여고 때는 모두가 똑같은 교복을 입고 똑같이 양 갈래로 머리를 땋았었다. 학교에 가면 너나없이 푸른색 셔츠에 하얀색 두 줄이 양쪽 팔, 다리에 나 있는 똑같은 체육복을 입고 펑퍼짐하게 온종일 책상에만 붙어있었다. 누가 더 예쁜지 누가 더 날씬한지 눈에 띄지도 않았고 애써 알려고도 하지 않았다. 그때는 적어도 옷이나 몸매 걱정은 하지 않아도 되던 나름 편안한 시절이었다.

대학생이 되자 억눌렸던 고3 시절을 보상이라도 받듯 우리는 멋을 부리기 시작했다. 한들한들 나풀거리는 파스텔 빛깔의 블라우스에 짧은 스커트를 입거나 헐렁한 티셔츠에 꼭 끼는 청바지를 입는 것이 당시 우리들의 로망이었다. 멋을 제대로 내려면 날씬함이 필수였으니, 점심은 건너뛰기 일쑤였고, 날씬한 종아리를 만들려면 틈나는 대로 맥주병으로 종아리를 문지르는 것도 필수였다.

그녀를 가까이 알게 된 건 그해 봄 동아리 모임에서였다. 여고 동창이었으나, 각각 문, 이과인 탓에 서로 잘 알지 못했고 대학에 와서도 전공이 달라 가까이 접할 기회는 별로 없었다. 그녀는 체구가 크고 통통했으며 이목구비가 큼직큼직해서 활달해 보였다. 숱 많은 검은 머리는 건강미를 자랑했고, 목소리도 시원시원해서 우리는 금방 친해졌다. 그녀는 말을 하기보다는 잘 들어주는 편이었다. 말없이 듣고 있다가 어쩌다 던지는 한마디는 우리를 곧잘 웃겼다. 넉넉한 덩치만큼이나 넉넉한 품성과 재치는 단연코 동아리에서 돋보이는 존재감이었다. 더구나 그녀는 남 앞에 서기를 주저하지 않았고, 머플러나 손가방 등을 직접 만들어 들고 다니면서 잔뜩 멋을 부리곤 했다. 나는 그녀의 말재주와 손재주를 늘 부러워했다.

그녀의 존재감은 그게 전부가 아니었다. 누구도 상상 못 할 그녀의 끼를 뽐낸 것은 그해 5월 대학 축제 때였다. 축제의 하이라이트는 마지막 날 밤 체육관에서 열린 쌍쌍파티였다. 물론 짝없는 친구들도 참석해서 축하 공연을 즐기는 모두가 흥겨운 자리였다. 그곳에서 그녀는 즉석에서 자원해서 무대에 올라가 밴드에 맞춰 당당하게 노래를 불렀다. 당시 최고로 유행하던 〈오동잎〉이었다. 좌중을 압도할 만큼 뛰어난 노래 솜씨로 춤까지 추면서 어찌나 구성지게 잘 부르던지 우레와 같은 박수와 함성을 받으면서 그녀는 일약 캠퍼스 스타로 떠올랐다. 그녀와 함께 다니면 '오동잎 간다, 오동잎!'이라 수군대는 소리가 여기저기서 들렸다. 그녀의 끼와 용기가 한없이 멋져 보였던 참 풋풋한 시절이었다.

대학 2학년이 되면서 전공이 다르고 그녀도 나도 아르바이트를 열심히 하느라 만남이 뜸해졌다. 그래도 어쩌다 만나면 특유의 재치와 넉살로 늘 우리에게 웃음을 선사하곤 했다. 그녀는 엉뚱한 면도 있었는데 그 당시는 TV에서나 볼 수 있었던 스키장을 가고 싶어 몇 달씩 아르바이트 두세 곳을 뛰어 기어코 스키를 타고 오는 호기와 낭만을 부려 친구들의 부러움을 한 몸에 받기도 했다.

대학을 졸업하고 그녀를 다시 만난 건 첫 발령지에서였다. 그녀의 학교와 내가 있던 학교는 그리 멀지 않아 우리는 종종 만났다. 사회 초년생으로 아이들을 가르칠 때는 가슴 뿌듯한 보람도 있지만 정작 학교 끝나고 춥고 을씨년스러운 자취방에 혼자 있노라면 외롭고 무섭기도 했다. 그래도 그리 멀지 않은 곳에 그 친구가 있어서 든든했다.

2년 후 내가 집 가까운 학교로 옮기면서부터 그녀와의 만남은 뜸해졌다. 그녀는 사립이라 그 학교에만 있었지만 나는 짧게는 2년, 길게는 6년마다 학교를 옮겨 다녔다. 그사이 결혼도 하고 아이도 낳아 기르면서 정신없었을 때 이따금 들려오는 소식은 그녀가 서른을 훌쩍 넘기고도 결혼을 하지 않았다는 것이다. 지금 같으면 카톡이나 메일로 수시로 서로 소식을 나누면서 같이 걱정도 해주고 수다도 떨면서 지냈으련만 그때는 안타까움만 있었을 뿐 별 뾰족한 방법이 없었다.

그러던 어느 날 그녀로부터 결혼한다는 청첩장이 왔다. 정말 다행이다 싶었다. 가까운 친구 중 제일 늦게 결혼식을 올리던 날, 웨딩드레스를 입고 신랑 팔을 끼고 서 있는 그녀의 얼굴엔 행복이 넘쳐나 보였다. 그 후로 자주 만나지는 못했지만 학교 부근에 신혼살림을 꾸렸고, 아들, 딸 낳고 알콩달콩 살아간다는 소식이 이따금 들렸다.

세월이 많이 흘러 여고 졸업 30주년 행사에서 다시 그녀를 만났다. 어느새 그녀도 경력이 쌓여 부장 교사를 하고 있었고, 머지않아 교장 승진을 바라볼 수 있다고 했다. 밤낮없이 시골 학교에서 청춘을 다 바친 그녀의 숱 많고 윤기 나던 검은 머리칼도 그 옛날 그녀를 캠퍼스 스타로 만들어주었던 노래 속의 가을날 오동잎처럼 누르스름해지고 있었다.

그녀가 교장으로 부임하던 날, 그녀에게 축하 전화를 했다. 그녀는 떨리는 목소리로 "글쎄, 나도 교장이 되는 날이 오다니, 꿈만 같다." 하면서 울먹이던 기억이 생생하다. 당시 민주화 바람이 불면서 사회 구석구석까지 민주적 풍토가 되어, 사립학교도 설립자 가족 중심의 경영에서 벗어나 평교사에게도 교장 승진의 기회가 드물게 주어진 것이다. 3년간 교장을 하면서 그녀는 나날이 줄어드는 농촌지역 학생 유치를 위해 밤낮으로 가정방문을 했고, 학교 축제나 학부모 총회 때 가정과 특유의 감각으로 바자회, 음식 부스, 패션쇼, 도자기 체험 등을 열어 당시 농촌지역 주민과 학부모의 참여와 지지를 끌어내기도 했다.

그즈음 나는 교육청에서 근무하면서 늦은 밤까지 사무실에 있느라 집안일도 제대로 추스르지 못하고 허리디스크까지 얻어 고생하고 있었다. 그래도 남편은 더는 전원생활을 미룰 수 없다면서 아파트 생활을 청산하고 봉실산 자락으로 이사하던 날이었다. 12월도 마지막 날이었고, 한겨울 칼바람이 매섭고 눈발까지 날려 을씨년스러운 날씨였다. 집안일이 손에 익지 않은 나는 이삿짐을 제대로 추스르지 못하고 허둥지둥하고 있을 때 털모자를 눌러쓰고 면장갑을 낀 손에 노끈 뭉치를 들고 그녀가 나타났다. 고창에서 봉실산까지 이 추운 날에 얼마나 일찍 출발했으면 이삿짐 차가 도착하기도 전에 나타났을까.

마치 악당을 물리치고 위험에 빠진 주인공을 구하기 위해 나타난 슈퍼맨, 아니 원더우먼처럼 그녀의 깜짝 출현은 감동이었다. 그녀는 익숙한 솜씨로 이삿짐을 안방과 부엌, 거실용을 분류하였고, 특히 부엌 용품을 차례차례 찬장, 싱크대, 식탁 등으로 다시 분류하여 차곡차곡 정리했다. 마치 큰언니가 동생 집에 와서 몸 사리지 않고 내 집처럼 쓸고 닦고 해주는 듯했다. 그녀를 보면서 난 누군가에게 이렇게 가슴으로 몸으로 뭔가를 베풀어 준 적이 있었던가를 헤아려 보았다. 부끄럽게도 나는 늘 누군가로부터 도움을 받기만 한 기억이 있을 뿐이었다.

그날, 그녀로부터 받은 뜨거운 감동으로 나도 누군가에게 마음을 나누고 어려움을 같이할 수 있는 삶을 살아야겠다고 다짐하였다. 더불어 가슴속 깊이 그녀를 참 좋은 친구이자 삶의 동반자로 생각하게 되었다. 문득 노무현 대통령이 떠올랐다. 2002 대선 당시 유세장에서 상대편 후보 측에서 학력 등을 이유로 대통령 후보 자격이 안 된다고 무차별 공세를 벌일 때, '문재인이 내 친구다. 그래서 나는 깜이 된다. 그 사람을 제대로 알기 위해서는 그 친구를 보라고 했다. 나는 문재인이를 친구로 두고 있다.'라고 대통령은 당당하게 외치시지 않았던가.

퇴직이 얼마 남지 않은 요즈음 지나온 세월을 되돌아볼 때 누군가가 나에게 '당신은 누구냐, 지금까지 어떻게 살아왔느냐.'라고 물어본다면 나는 한 치의 망설임도 없이 감히 이렇게 말하고 싶다. '오동잎! 그녀가 내 친구다. 후덕한 품성과 넘치는 재치, 과묵한 집념과 뜨거운 열정을 지닌 그녀를 친구로 두고 있다.'

(2020. 9.)

# 귀인貴人

새봄과 함께 새 학년이 시작되던 3월 첫날, 그녀는 나풀거리는 연한 풀빛 블라우스에 연회색 정장을 차려입고 내 앞에 불쑥 나타났다. 손에는 검붉은 꽃송이가 초록 잎사귀들 사이에 주렁주렁 매달려 있는 산당화가 커다란 유리 물병에 담긴 바구니가 들려있었다. "교장 선생님, 저 이번에 새로 발령받은 ○○과 ○선생이에요."라며 인사를 한다. 또랑또랑한 목소리와 단정한 단발머리가 마치 첫 발령 받은 신규교사처럼 신선했다. 그녀가 40대를 넘긴 중견 교사임을 이미 알고 있었음에도 그녀 손에 들린 산당화처럼 산뜻하고 경쾌한 첫인상에 단박 마음이 끌렸다. 같은 대학 후배라는 점을 애써 마음속에 지우고 냉정하고 비판적으로 그녀를 바라보려고 해도 이미 그녀는 내 마음속에 봄날의 산당화처럼 강렬하게 자리 잡기 시작했다.

해마다 3월 학년 초가 되면 학교는 담임 배정과 부장 임명, 업무분장을 발표한다. 이는 교장의 최대의 과제이자 권한으로 모든 교사의 관심사이기도 하다. 도시와 농촌을 불문하고 고등학교에서는 3학년 부장, 연구부장, 학생부장은 학교 업무의 핵심이자 가장 기피하는 소위 3D 업종에 속한다. 3학년 부장은 당장 대입과 취업 때문이고, 학생부장은 늘어나는 학교폭력에 대한 책임으로, 연구부장은 학교가 지향해야 할 교육목표를 정하고 실천전략을 세워 인성과 학업역량을 키워줘야 하기 때문이다.

현실적으로 사회에서 인식하는 고등학교의 존재 이유를 단순 간략하게 말하자면 공부 잘 가르쳐 원하는 대학에 진학시키거나 원하는 직장에 취업시키는 일일 것이다. 그 학교는 여느 농촌학교처럼 이미 도시로 빠져나갈 아이들은 빠졌고, 한부모 가정, 조손가정, 다문화가정 아이들이 많아 무엇보다도 따뜻한 선생님들의 손길이 절대적으로 필요했다. 좌절과 방황으로 선생님들의 애를 태우는 아이들도 있지만, 크고 작은 아픔들이 있어도 고등학생으로서 자아가 생기면서 진로를 고민하고 기초가 부족해도 열심히 공부하는 아이들이 있어 대다수 선생님의 교육자적 양심을 움직이곤 했다.

때마침 그 학교는 교육부에서 추진했던 농산어촌 기숙형 학교로 지정되어 어려운 형편으로 제대로 공부할 여건이 안 되는 아이들이 기숙사에서 조금이라도 편안하게 공부하게 하자는 것이 그 당시 재직했던 모든 선생님의 암묵적 합의사항이었다. 이른바 '미래의 한국형 농촌고등학교'의 모델을 만들어보자는 것이었다. 이러한 업무를 주도적으로 추진할 부서가 바로 연구부였고, 그 연구부장을 맡을 선생님이 필요할 때, 산당화 바구니를 들고 온 그녀가 눈에 확 띈 것이다.

아니나 다를까. 그녀는 나의 기대를 저버리지 않았다. 조금도 망설임이 없이 "예, 한번 해볼게요."라는 시원한 대답으로 '혹시 거절하지 않을까.' 하는 나의 노파심을 깨끗이 날려버렸다. 그녀는 당장 선생님들의 수업 능력 향상과 학생들의 학력 신장이라는 절대적 교육목표를 위해 차근차근 계획을 수립하고 추진했다. 그녀는 남들이 어려워하고 힘들어하는 일을 쉽게 하는 재주를 가지고 있었다.

주변 선생님들과도 스스럼없이 어울리며 대가 센 남 선생님도 꼼짝없이 휘어잡는 논리적인 말솜씨와 나이 드신 선생님에 대한 따뜻한 배려, 후배 선생님에게는 언니나 누나 같은 부드러움으로 많은 선생님이 그녀를 따르곤 했다. 특히 교장의 업무지시가 부당하다고 생각될 때는 선생님을 대표하여 어김없이 교장실을 찾아오곤 했다. 처음에는 그녀의 당돌함에 불쾌했으나 자초지종 이야기를 들어보면 그럴만한 이유가 있다 싶어 오히려 차선책을 그녀와 논의하고 수정하기도 했다. 또한 그녀는 수업 시간에도 아이들과 하나가 되어 열심히 가르쳤고, 그녀를 따르는 학생들이 많았다.

점점 더 그녀의 매력에 빠져들던 그해 여름이었다. 아이들의 야간 자율학습과 기숙사 생활이 궁금하여 이따금 밤늦은 시간에 학교에 남아 둘러보던 대로 그날 밤도 기숙사를 둘러보고 집으로 출발하려는 순간 갑자기 장대비가 쏟아졌다. 도저히 그 비를 뚫고 밤길을 운전하기가 어려워 난감해하고 있을 때, 그날 밤 기숙사 지도 당번을 맡은 그녀도 같은 처지임을 알았다. 사감 선생님은 우리가 걱정되어 기숙사에 빈방이 있으니 그녀와 함께 하룻밤 주무시라는 제안을 했다. 별도리가 없었다. 나는 그녀가 불편하지 않을까 망설이고 있을 때, 그녀는 오히려 "교장 선생님이 불편하시면, 제가 그냥 집에 갈게요."라고 했다. 그럴 수는 없었다.

그렇게 해서 그날 밤 우리는 같은 방에서 한 이불을 덮고 잠을 자게 되었다. 학교 이야기부터 살아가는 이야기까지 많은 이야기를 나눴다. 밤이 깊도록 천둥 번개가 요란했다. 잠시 빗소리가 그친다 싶으면 바람 소리가 요란했다. 기숙사 앞으로 운동장이 있었고, 운동장 가에는 아름드리 목튤립 나무들이 울창하게 서 있었다. 비바람이 으르렁댈 때는 나무들도 으르렁댔다.

잠시 빗줄기가 멈춘 듯했다. 그녀는 창문을 열고 나에게 소리쳤다. "밤하늘에 구름이 아주 예뻐요." 정말 거짓말처럼 천둥소리가 멈추고 비 그친 밤하늘은 진회색이었다. 검은 먹구름이 여름날의 뭉게구름마냥 몽실몽실 피어나고 있었다. 운동장 가의 목튤울립 나무들은 어쩌면 소설 〈폭풍의 언덕〉의 한 대목처럼 음산함을 내뿜고 있었고, 어쩌면 고흐 그림 속의 꿈틀거리는 사이프러스 나무처럼 검은 하늘을 향해 두 팔을 벌리고 소리 없는 아우성을 토해내고 있었다.

하룻밤 동숙한 인연으로 나에게는 가슴 한편으로 한층 가까워진 그녀였지만 여전히 그녀는 학교장으로서 나에게 깍듯한 예의를 갖추었다. 공적으로는 교장과 교사였지만 사적으로는 나보다 젊은 세대인 그녀의 풍부한 인문학적 소양과 톡톡 튀는 감각, 따뜻한 인간성에 매료되어 그 학교에서 마지막 한 해는 그녀로 인해 더없이 풍성했고 행복했다.

다음 해에 정기 인사발령으로 인해 우리는 헤어지게 되었다. 그런데 옮겨간 자리에서 뜻하지 않게 일 년 만에 원하지 않은 또 다른 자리로 옮겨졌다. 공무원은 발령장 한 장으로 왔다 갔다 한다지만 나에게는 다소 큰 충격이었다. 실망과 아쉬움으로 마음 상해 있을 때, 화분 하나가 배달되어 왔다. 화려한 꽃 화분이 아니고 푸른 잎이 무성한 관상목 화분이었다. 예의 알록달록한 리본이 아닌 수수한 단색의 리본에는 "사랑합니다!"라는 다섯 글자뿐, 보낸 사람 이름은 아무리 찾아봐도 어디에도 없었다. 순간 떠오르는 한 사람이 있었다. 그녀일 것이다. 어떠한 어려움이 있어도 푸르른 그 나무처럼 굳게 견디어 내라는 그녀의 소리 없는 응원과 깊은 사랑이 느껴져 울컥하고 말았다. 이렇게 진심으로 나를 기억해주고, 멋지게 나를 응원해 줄 사람은 그녀밖에 없을 거라는 확신에 갑자기 가슴이 뛰기 시작했다. 뜻하지 않은 인사발령으로 마음 상하고 힘들었던 순간들이 한순간 사라지고 새로운 용기가 생겼다.

그날 밤 나는 몇 년 전 그녀와 함께 듣고 보았던 어느 여름날의 천둥 번개와 비바람 소리를, 운동장 가의 음산했던 목튤울립 나무들의 울음소리를 기억해냈다. 이제는 오래된 흑백영화의 한 장면처럼 기억 속에 아스라이 존재할 뿐이지만, 그래도 그해 초봄날 검붉은 산당화 꽃바구니처럼 열정을 간직한 그녀가 내 인생에 나타났고, 또 다른 어느 해 초봄날 푸른 관상목으로 순정을 보여준 그녀는 진정 내 인생의 귀인貴人임에 틀림없을 것이다.

(2020. 8.)

# 2.

# 잠비 내리는 날

노란 집 | 잠비 내리는 날 | 사라진 옷 | 타경打京
열하일기熱夏日記 | 울 언니 | 미뤄진 약속
어쩌라고 봄비는 | 수국 | 늘봄전常春傳 | 아들의 축구화

# 노란 집

하얀 박꽃, 몇 년 전 내가 P 선생님을 처음 만났을 때의 느낌이었다. P 선생님은 화장기 없는 민얼굴에 나이를 가늠하기 힘든 단발머리였다. 연한 갈색의 수수한 옷차림에 약간 긴장한 듯 말소리도 작고 말이 별로 없으셨다. 선생님은 새 학기 인사이동으로 그 학교에 처음이었고, 나 역시 학교장으로 부임하는 첫날이었다. 말하자면 선생님과 나는 그 학교의 부임 동기인 셈이었다.

오랫동안 교육행정을 하다가 다시 학교로 돌아와 보니 정말 학교는 많이 달라져 있었다. 교실 안팎의 환경은 물론이거니와 학교 문화가 더 많이 달라졌다. 무엇보다도 선생님들과의 관계설정이 어려웠고, 특히 나보다 연배가 높으신 선생님들에 대한 처신이 어려웠다. P 선생님은 다행히 인사카드에 나와 동갑으로 되어 있어 심정적으로 한결 편안했다.

그러나 편안함도 잠시였다. 부임하고 나서 며칠 뒤 선생님과 차를 나누면서 여고 3년 선배라는 뜻밖의 사실을 알게 되었다. 호적이 늦게 되었다고 했다. 같은 학교 동문이라는 점에 안도했지만 선배라는 점이 다소 부담이 되었다. 직위는 그렇다 치고 인생 선배이자 교직 선배로서 결코 소홀할 수는 없었다. 선생님은 이미 알고 계셨던 듯 첫날부터 나에게 무척 조심스럽게 대하셨다.

날마다 새로운 일과 긴장의 연속이었다. 초임 교장이다 보니 이것저것 욕심이 많이 생겼고, 욕심만큼 일이 뜻대로 되지 않아 하는 일마다 미숙하기 그지없었다. 수없는 시행착오를 겪으면서 시간이 흐르다 보니 차츰 일도 조금씩 보이고 선생님도 한 분 한 분 보이기 시작했다. 더불어 일보다는 사람이 우선이어야 하고, 사람의 마음을 얻는 일이 일의 시작이자 끝이라는 사실도 알게 되었다.

그래도 하얀 박꽃 같다는 선생님의 첫인상은 변함이 없었고, 오히려 은은한 달빛 아래 피어나는 하얀 박꽃의 단아함으로 다가왔다. 누가 시키지 않아도, 누가 봐주지 않아도 아이들을 위해서라면 대쪽 같은 성품으로 물불을 가리지 않으셨고, 학교에서 일어나는 크고 작은 일을 마치 집안의 맏언니처럼 뒤에서 말없이 해주셨다. 실제로 여선생님 중 제일 연장자이기도 했다. 막내딸로 자란 나에게는 자연히 여고 선배가 아니라 든든한 친언니 같은 존재였다.

부임 2년째 되던 해였다. 현실적으로 고등학교 학생이나 학부모의 가장 큰 관심사는 대학진학이었고, 3학년 부장은 학교에서 제일 비중이 큰 자리였다. 자연히 학교장으로서는 누구에게 그 업무를 맡겨야 할지 고민거리가 아닐 수 없었다. 막상 그 자리를 맡아주었으면 하는 선생님은 원하지 않고, 오히려 전혀 생각지 않았던 선생님이 원하기도 했다. 어쩌면 학교라는 조직도 우리 사회의 축소판이어서 '인사가 만사'라는 말을 실감했었다. 결정을 선뜻 못하고 있을 때 나의 진심이 닿았는지 P 선생님이 자원하고 나섰다. 진학지도 경험이나 평소 일하시는 모습, 성품으로 보아 딱 내가 원했던 선생님이었으나 연장자여서 차마 이야기를 못 꺼내고 있던 차였다.

그해 선생님은 아침 일찍부터 밤늦게까지 아이들과 함께했다. 주말에도 방학에도 쉬지 않고 학교에 나와 아이들 공부하는 모습을 돌아보고 힘들어하는 아이들을 불러다 격려했다. 선생님의 머릿속에는 온통 학교와 아이들뿐인 듯했다. 연약한 갈대처럼 보이는 선생님에게서 어떻게 그런 뜨거운 열정이 뿜어져 나오는지 알 수 없었다. 마치 비바람이 몰아쳐도 끄떡없이 그 자리에 우뚝 서있는 산과 같았다.

아이들에겐 엄마 같았고, 학부모들에게는 듬직했으며, 후배 교사들에게는 다정했고, 교장 교감에게는 깍듯했다. 그래서 나는 언제부터인지 선생님을 '페스탈로치'라고 마음속에 깊이 새기게 되었다.

그 학교를 떠난 뒤 소식이 뜸했는데 며칠 전 당시 근무했던 몇 분과 함께 P 선생님을 만났다. 오랜 교직 생활을 명예롭게 퇴직하시는 선생님을 아쉬워하면서 만든 자리였다. 그날 역시 화장기 없는 예전 그대로의 모습이셨다. 그러나 화장기는 없어도 그 어떤 립스틱을 칠한 것보다 아름다운 말들이 입술에서 나왔고, 그 어떤 파우더를 바른 것보다 얼굴에 환한 미소를 그려내고 있었다. 담담하게 퇴직 후의 생활을 말씀하셨다.

오래전에 사두었던 소양 부근 산자락에 집을 지어 나무를 심고 꽃을 가꾸며 채소밭을 일구는 자연인으로 돌아가겠다고 조용조용 말씀하시는 모습에서 문득 작가 박완서를 떠올렸다. 그러고 보니 얼마 전에 읽은 유고집 《노란 집》의 안 표지에 미소를 짓고 있는 작가의 사진에 선생님의 얼굴이 겹쳐졌다. 그 사진을 보면서 어쩌면 이렇게 하얀 박꽃처럼 미소가 아름다울까. 어쩌면 이렇게 인자하고 편안해 보일까. 나이가 들수록 얼굴이 바로 그 사람의 살아온 인생을 나타낸다던데 나도 언젠가는 그리고 누군가에게는 그러한 모습으로 비춰지고 싶다는 생각이, 책을 읽는 내내 떠나지 않았다.

《노란 집》은 자식들을 모두 출가시키고 늙은 두 부부만 남은 집에서 사랑과 아픔, 기쁨과 슬픔을 같이했던 지나온 시절을 회상하면서 서로 의지하고 살아가는 황혼의 할아버지 할머니 이야기였다. 단순한 책이 아니었다. 머지않은 미래의 나의 모습이었고, P 선생님에게는 바로 코앞에 와있는 현재의 모습이었다.

그날 밤 이제 곧 《노란 집》의 주인공이 될 선생님이 아쉽기는 했지만 한편으로는 부럽기도 했다. 누구보다도 뜨거운 열정을 지니

셨던 선생님은 결코 노란 황혼이 아닌 언제나 푸른 초록의 또 다른 황혼을 지내실지도 모른다. 그래서 몇 년 뒤 P 선생님은 《노란 집》이 아닌 '초록 집'이라는 책을 써낼지도 모른다. 그리고 나도 그리 머잖아 선생님처럼 노란 집의 주인공이 되는 상상을 하면서 집으로 돌아왔다. 춥고 바람 부는 2월의 밤이었다.

(2013. 2.)

# 잠비 내리는 날

왜 그곳에서 그 노래가 생각났는지 모르겠다. 머리 희끗한 초로의 그가 쉰 듯한 목소리로 기타 하나 들고 자신의 인생 이야기를 고백하듯 부르던 노래다. 유행가 가사가 심금을 울린다면 그대는 이미 나이듦과 스스로가 주책임을 고백하는 셈이라는 글을 어디선가 읽은 기억이 났다. 그래도 별수 없었다. 그날 그곳에서 그 노래가 생각나는 건 아마도 비가 내리고 있었고, 그야말로 옛날식 다방 같은 허름한 시골 카페였기 때문일 것이다.

궂은비는 아니어도 낮잠 자기 딱 좋은 보슬비가 소리 없이 내리고 있었다. 도라지 위스키인지는 몰라도 이름 모를 위스키 병들이 한쪽 벽에 장식되어 있었고, 짙은 색소폰 소리가 아니라 한물간 7080 노래가 낡은 전축에서 쉼 없이 흘러나오고 있었다. 새빨간 립스틱은 아니지만 불그스레한 립스틱에 나름 멋을 부린 여인이 텅 빈 시골 카페를 지키고 있었다.

그날은 '코로나19'로 인해 아이들이 집에서 온라인 수업하는 날이어서 학교는 텅 비어 적막강산이었다. 온종일 비가 내려 후텁지근하고 끕끕하여 기분이 한없이 가라앉았다. 여름철은 해가 길어 퇴근 시간이 되어도 훤한 대낮이다. 어디 풍광 좋고 한적한 곳을 드라이브하고 비 내리는 창가에 앉아 따끈한 차 한잔했으면 하는 마음을 들여다보기라도 한 듯 마침 남편에게서 전화가 왔다. 하던 일이 조금 일찍 끝나 지금 나의 직장 부근으로 오고 있다고 한다.

굳이 '부부'라는 말로 묶지 않아도 평생을 같이 살아온 우리에게 말은 따로 필요 없었다. 그냥 눈길 가는 대로 발길 닿는 대로 빗속을 달렸다. 도로 양편으로 넓은 들판이 이어졌고 제법 자란 벼들이 바람에 출렁이며 풍요로움을 뽐내고 있었다. 여름비가 가득한 푸른 들판 끝에는 야트막한 야산이 있었고 그 능선 따라 다랑이밭에도 초록이 넘쳐났다.

한참을 달리다 보니 논산 가는 4차선 도로에 '여산'이라는 팻말이 보였다. 여산은 한 번도 가보지 않은 곳이어서 우리는 차를 그쪽으로 돌렸다. 여산은 면 단위지만 제법 시가지가 형성되어 있고 여느 면 소재지와는 분위기가 조금 달랐다. '여산礪山'이라는 지명은 큰 숫돌

산이 있어 붙여진 이름이라 했다. 옛 여산 동헌 앞 아름드리 느티나무가 서 있는 곳은 천주교 박해 시절, 바로 그곳에서 천주교 신자들의 얼굴에 백지를 바르고 물을 뿌려 질식사시키는 잔혹한 형벌이 있어 '백지사터'라고도 불린다고 한다. 특히 여신도들은 산 채로 연못에 던졌다고 하니 여산은 우리 근대역사의 슬픔을 그대로 간직하고 있는 곳이었다.

동네 한 바퀴를 돌다 보니 따뜻한 차가 그리웠다. 눈에 띄는 대로 들어간 곳이 바로 그 카페였다. 마치 시간을 거꾸로 돌려 대학 시절 미팅하는 기분으로 우리는 창가에서 마주 보고 앉아 커피를 주문했다. 그 시절, 커피, 프림, 설탕을 일대일대일로 믹스한 달달했던 커피를 상상했건만, '드르륵' 기계로 원두 가는 소리가 들리더니 이내 넘칠 듯 큰 잔에 가득 담긴 커피가 나왔다. 우리는 한 모금 마시고서 약속이나 한 듯 동시에 눈을 마주쳤고, 시골 커피의 순박함에 말없이 그저 창 밖을 보았다.

창문 너머 건너편에 좌우로 상가가 있었고, 간판이 여느 시골과는 좀 달랐다. 글자체도, 글자 색도, 글자 크기도 똑같은 간판들이 가게마다 일렬로 정비되어 있었다. 어디서 많이 본 듯하다 했더니 한때 '디자인 서울'을 외치며 도심 간판을 선진국 형으로 바꾸었던 모 시장 시절 선보였던 그 간판들이었다. 어쩌면 이런 시골은 노인들이 많이 사시기 때문에 오히려 큼직큼직한 글씨 간판이 필요하지 않을까 싶어 씁쓸했다. 더구나 간판 중에는 '○○부동산'이라는 간판이 한 집 건너 두 개나 연달아 보였다. 이런 촌까지도 부동산 투기 바람은 비켜 갈 수 없었나 싶어 더 씁쓸했다. 그래도 탈탈거리며 트랙터인가 경운기인가가 지나가는 걸 보니 농촌임은 분명했고, 농촌 일상을 구경하는 재미가 쏠쏠했다.

갑자기 우리가 앉은 창가 바로 앞에 차 한 대가 멈추더니 할머니와 중년 부부 그리고 손주쯤으로 보이는 짧은 머리 대학생 일행이 내렸다. 왜 하필 우리가 앉아있는 창 앞에 주차해 시야를 가릴까 하면서 약간의 짜증이 났으나, 그들은 이내 카페 문을 열고 들어와 우리 뒤 테이블에 앉았다. 애써 들으려 하지 않아도 좁은 공간이어서 저절로 그들의 대화가 들렸다.

앳된 청년은 할머니 손자이자 중년 부부의 아들로 입대하게 되어 멀리서 논산 훈련소까지 데려다주는 길인가 보았다. 아버지는 자신의 군대 시절을 열심히 이야기했고, 할머니는 손주 얼굴을 쓰다듬으면서 '그저 밥 잘 먹고, 윗사람 말 잘 들어라.'라는 말씀을 하고 또 하셨다. 어머니는 아들 손을 꼭 잡고 그저 말없이 아들만 애틋하게 쳐다보았다. 마치 오래전 두 아들이 입대할 때 우리 가족의 모습을 찍은 영화 필름을 다시 돌려 보는 듯했다.

아, 세월이 흘러도, 사람이 달라도, 살아가는 이야기는 어쩌면 이렇게 똑같을까. 부모들의 삶이나 현재 우리의 삶이 어쩌면 이렇게 비슷할까. 그렇다면 앞으로 우리 자식들의 삶, 또 비슷하리라. 지금, 이 순간은 얼마나 소중한 걸까. 더불어 마주 앉은 남편과 같이 살아온 순간들 또한 얼마나 소중한 걸까. 그래서 우리는 우리에게 주어진 오늘을 남부끄럽지 않게 성실히 살아야 하지 않을까.

갑자기 무슨 소리가 들려 고개 돌려보니 남편이 내 앞의 탁자를 툭툭 쳤다. “뭘 그리 골똘히 생각해? 이제 비 그쳤으니 나가자.”고 한다. 남편의 얼굴에 두 아들의 얼굴이 겹쳤다. 설핏 꿈이라도 꾼 듯 이 생각, 저 생각에 시간 가는 줄 몰랐던 어느 잠비 내리는 날 오후였다.

(2020. 8.)

# 사라진 옷

그 옷이 사라졌다. 고속도로 휴게소에서 분명히 옆자리에 놓고 식사를 했다. 늦은 밤이었고 넓은 식당은 드문드문 사람들이 앉아있었다. 그때 낯익은 얼굴이 식당에 들어왔다. 만난 지 오래되어 이름은 흐릿했지만 잘 아는 후배였다. 밤중에 그것도 한적한 고속도로에서 몇 년 만에 만나다니 반가운 마음에 벌떡 일어나 그녀에게 다가갔다. 이런저런 이야기를 하다 보니 남편이 보이지 않았다. 시간이 많이 흘렀나 싶어 아쉽지만 그녀와 헤어져 급하게 차에 올랐다. 남편은 아무 말 없이 곧바로 출발했다. 꽤 기다린 모양이었다. 미안한 마음에 후배 이야기로 너스레를 떨었다.

한참 달리다가 에어컨의 찬바람에 그 옷이 생각났다. 차 안 여기저기를 찾아봐도 보이지 않았다. 생각해보니 아까 후배와 수다를 떨다 식당에 두고 그대로 차에 타버린 것이다. 찬찬치 못한 나에게 화가 나기도 하고 염치없기도 해서 기어들어가는 목소리로 "옷을 놓고 왔나 봐요."라고 했다. 남편은 못 알아들었는지 계속 달렸다. 아니다. 남편은 못 알아들은 것이 아니라 화가 난 것 같았다. "옷을 식당에 두고 왔다니까요."라고 큰소리로 다시 말했다. 그때서야 남편은 나를 쳐다보았다. 1박 2일의 짧은 제주도 여행 끝이라 남편도 나도 지칠 대로 지쳐 있었다. 옷을 찾으러 식당에 다시 가자고 하기도, 그렇다고 그냥 포기하기도 마땅찮았다. 잠시 침묵이 흘렀다. 여느 때 같으면 '밤도 늦었는데 그냥 가자.'라고 했을 것이다. 그러나 그날은 어찌된 셈인지 군소리 없이 차를 돌렸다. 가까운 IC로 빠져나와 다시 식당까지 되돌아가는 동안 여러 생각이 떠올랐다.

여름이 되면 즐겨 입던 옷이었다. 모자 달린 얇은 검은색 방수 파카였다. 가벼운 나들이나 운동할 때 햇볕을 피하기 안성맞춤이었고, 갑자기 비가 오거나 에어컨을 켠 차 안에서 아주 유용했다. 3년 전 젊은 선생님들 팀에 끼어 난생처음으로 해외 배낭여행을 떠나면서 준비한 옷이었다. 당시 학생들에게 선풍적인 인기를 끌었던 그 파카는 부모의 등골을 휘게 할 정도로 상상을 초월하는 비싼 값이었다. 그래도 그것을 입지 않으면 친구들 사이에서 왕따를 당하기 때문에 학교폭력의 시발점이 된다는 바로 그 브랜드였다. 딱히 그 브랜드를 사려고 했던 것은 아니었는데 그날따라 그 옷이 내 눈에 띄었다. 겨울옷도 아닌데 다소 비쌌지만 크게 무리는 아니었다. 왼쪽 가슴과 오른쪽 소매에 하얀색 형광으로 새겨진 로고도 맘에 들었다. 아무리 아니라 해도 솔직히 브랜드에 끌리는, 나도 모르는 내 안의 속물근성 때문인지, 아니면 나의 미적 수준에 맞아서였는지는 몰라도 그 파카는 여름철에 필수품이 되었다.

문제는 남편이 그 옷을 아주 싫어했다는 점이다. 옷에도 품위가 있어야 하고 나이에 어울리는 은근한 멋이 있어야 하는데 영 아니라는 것이었다. 어려서부터 그림을 잘 그려 학교 대표로 대회도 나갔고, 고등학교 때까지 꾸준히 미술반 활동을 했던 남편이다. 그래서인지 남편은 신혼 초부터 옷이나 머리 스타일에 대한 관심이 남달랐다. 아침 출근길에 옷을 입고 나서면 '색이 계절에 안 어울린다.', '위아래의 배색이 안 맞다.' 등등 꼭 한마디씩 던졌다. 한두 번도 아니고 그런 말을 자주 듣다 보니 화가 났다. 그러나 한편으로는 남편 말이 맞는 것도 같았다. 지극한 사랑의 표현인가 싶어 애써 고맙게 생각하다가도 반복되는 지적에 자존심이 상한 적이 한두 번이 아니었다. 그 옷도 예외는 아니었다. 그 옷을 입고 나설 때마다 남편은 '또 그 옷이냐, 제발 입지 마라. 학교 다닐 때 어지간히 미술 공부 안 한 모양이다.'라고 농담 반 핀잔 반 툭툭 던지곤 했었다.

고백건대 남편과 나는 신혼 초부터 많이 달랐다. 마치 '화성에서 온 남자 금성에서 온 여자'처럼 습관이나 성격, 취향, 음식 등 일상에서 늘 부딪쳤다. 남편은 천천히 꼼꼼히 하면서 실수가 적다면 나는 급하고 빨리하면서 실수가 잦았다. 남편은 일찍 자고 일찍 일어나는 아침형이라면 나는 늦게 자고 늦게 일어나는 저녁형이었다. 하기야 전혀 다른 환경에서 자란 두 사람이 불꽃 튀는 연애를 한 것도 아니고 오랜 세월을 두고 알고 지내온 것도 아니었으니 당연했을 것이다. 그래도 다행히 큰소리는 나지 않았다. 장남 며느리로 시부모님과 같이 살았기 때문에 서로가 조심한 까닭이다.

화가 나도 마음 놓고 부부싸움을 할 수 없는 상황에서 오히려 남편은 늘 나에게 미안해했고 고마워했다. 일하는 여성의 전문성을 인정하고 존중해주었으며, 직장생활로 인한 가사의 소홀함과 미숙함에 대한 이해와 배려심이 많았다. 남편과 단둘이서 알콩달콩 사는 신혼의 달콤함은 없었지만 육아와 가사노동에서 자유롭고 편안하여 나 또한 남편이 늘 고마웠다. 이웃이나 친척들은 천생연분이라 했고, 교육자 부부라 역시 다르다고 했다.

그래도 남편과 티격태격했던 부분이 있었으니 바로 나의 옷차림에 대한 남편의 과도한 관심이었다. 처음에는 그 관심을 사랑이라 생각했다. 그러나 세월이 흐르면서 언제부터인지 지나치다 생각되었고, 어느 순간 간섭으로 느껴지기 시작했다. 옷 이야기뿐 아니라 다른 이야기도 자연히 타성에 젖어 건성으로 듣기도 하고 짜증을 내기도 했다. 이러한 내 마음을 아는지 모르는지 출근길 나의 옷에 대한 남편의 코멘트는 변함이 없었다.

관심과 간섭 사이에서 혼자 속앓이를 하던 즈음 어느 해인가 남편의 제자가 여자 친구를 데리고 집으로 찾아왔다. 같은 과 커플로 결혼식 주례를 서달라는 요청이었다. 당시 40대 후반이던 남편은 주례를 서기에는 아직 젊은 나이라 생각했던지 정중히 거절했다. 그러나 예비 신랑 신부의 지도교수인 남편이 꼭 주례를 해주셔야 한다고 간곡히 부탁했다. 어쩔 수 없이 난생처음 주례를 맡게 된 것이다. 결혼식 당일 아침, 남편이 슬며시 나에게 결혼식장에 같이 가면 어떠냐고 했다. 처음 서는 주례라 어색해서 그러나 싶어 옆에 있으면 힘이 될까 하고 따라나섰다. 하객들로 꽉 찬 식장의 주례석에 서 있는 남편을 바라보니 만감이 교차하였다.

주례를 선다는 것은 신랑 신부의 존경을 받으면서 인품이 뛰어나고 청렴, 정직, 근면, 성실은 물론 결혼생활 또한 타의 모범이 되어 말 그대로 그들에게 인생의 멘토 같은 존재여야 하리라. 요즘처럼 번잡한 결혼식장에서 주례에 주목하는 사람은 많지 않지만 그래도 신랑 신부에게는 주례사가 중요할 것이다. 며칠 전부터 컴퓨터 앞에서 주례사를 쓰느라 고민하는 남편을 보아온 터라 이내 남편의 주례사가 궁금해졌다.

약간 떨리는 목소리로 읽어 내려가는 남편의 주례사는 '조약돌 부부'가 되라는 당부였다. 울퉁불퉁하던 냇가의 돌들이 오랜 세월 비바람에 씻기고 닳아져서 매끄럽고 부드러운 조약돌이 되듯이, 결혼은 전혀 다른 두 사람이 만나 서로 양보하고 배려하면서 아름다운 하모니를 만들어내는 조약돌이 되어가는 과정이라는 것이다.

불현듯 아득한 옛날 나의 결혼식이 떠올랐다. 주례 선생님의 얼굴은 기억이 희미해졌지만 주례사의 한 대목이 또렷하게 기억났다.

'참을 인忍자 세 번을 가슴에 간직하고 살아가라'는 말씀이셨다. 두 개의 돌이 부딪힐 때마다 참을 인을 세 번 다짐한다면 조약돌 부부가 될 수 있다고 남편도 분명히 기억하고 있었으리라. 순간 그동안 남편의 관심과 간섭 사이에서 갈등하던 나 자신이 부끄러워졌다. 그래 맞다. 간섭이 아니라 관심일 것이다. 아니 관심으로 알아야 할 것이다.

여기까지 생각이 미쳤을 때 어느덧 차가 식당에 도착했다. 이미 식당의 한쪽은 불이 꺼져 밤이 깊어가고 있었다. 텅 빈 식당 어디를 둘러봐도 옷은 보이지 않았다. 빛바랜 낡은 옷이지만 쓰레기통에 버려지지 않고 누군가가 필요해서 가져갔다면 그 또한 좋은 일이라 생각되었다. 비록 옷은 못 찾았지만 아쉽기보다는 오히려 가슴이 후련했다. 다시는 그 옷으로 인해 남편의 간섭을 받지 않아서 좋을 터이고, 남편이 사라진 그 옷을 무조건 싫어한 것만은 아니었음을 확인할 수 있었기 때문이다.

다시 돌아오는 길에 말없이 앞만 보고 운전하는 남편에게 미안한 생각이 밀려왔다. 자세히 보니 희끗희끗해진 반백의 머리와 주름진 눈가에 노곤함이 묻어있었고 운전대를 잡고 있는 어깨는 힘이 없어 보였다. '아아, 이렇게 세월이 흘러가는구나!' 어느새 육십에 가까워지는 남편을 바라보고 있노라니 벗어놓은 옷도 챙기지 못하는 나 역시 나이 들어가고 있음을 실감해야 했다.

오가는 차량도 뜸해진 이슥한 밤에 캄캄한 고속도로를 달리는 우리는 마치 노년으로 가는 인생 열차의 입구에 한 발을 딛고 거대한 우주 속으로 빨려들어가는 기분이었다. 그날 밤, 사라진 것은 빛바랜 낡은 옷이었지만 되찾은 것은 한동안 잊고 살던 참을 인 자 세 번과 조약돌 부부였다. 집으로 오는 길 내내 차창 밖으로 올려다 본 밤하늘에는 별들이 총총 빛나고 있었고, 내 마음 속에서는 요절한 가수가 불렀던 〈어느 60대 노부부 이야기〉 한 자락이 흥얼거려졌다. 결혼 29주년 기념 1박2일의 짧은 제주도 여행은 그렇게 막을 내렸다.

(2013. 6.)

# 타경打京

깜깜한 차창 밖으로 멀리 띄엄띄엄 불빛이 보였다 사라진다. 실내등도 안 켜고 어둠 속을 무작정 달리는 버스 안. 이따금 상대편 차선에서 달려오는 차의 불빛에 희미하게 보이는 '○○오리 전주점'이라고 박힌 좌석 등받이가 호남선 고속버스임을 알려준다. 신입사원 연수를 마치고 내일이면 회사에 첫 출근을 하는 둘째 아들의 거처를 회사 주변으로 옮겨주고 심야버스에 올라타는 엄마 손에 들려준 식은 커피를 마시자니 갑자기 목이 메었다. 이별을 못내 아쉬워하면서 잘 내려가시라는 아들의 축축해진 목소리에 너무나 훌쭉해진 얼굴이 겹쳐지기 때문이다.

집 떠나 홀로서기에 애를 못 삭인 것은 큰아들도 마찬가지다. 고등학교를 졸업하고 재수를 해야 했던 큰애는 오히려 더 심했다. 눈 내리는 겨울에 이불 보따리를 메고 고속버스에 오르던 아들의 축 늘어진 뒷모습이 지금도 눈에 선하다. 입시학원과 기숙사를 오가며 불안과 긴장 속에 힘들게 재수 생활을 하는 아들을 멀리서 안타깝게 지켜볼 수밖에 없었다.

당시 큰아들로부터 장문의 메일을 받았다. 어느 날 저녁, 우연히 기숙사 옥상에 올라가게 되었다고 했다. 가까이에 한강이 흐르고 멀리 수많은 고층빌딩과 아파트 불빛, 네온사인, 오가는 차량의 불빛으로 휘황찬란한 서울의 야경을 보니 자신의 처지가 서글퍼졌다고 했다. 그렇게 넓은 서울 하늘 아래 누구에게도 말을 걸 사람이 없다고 생각하니 문득 어렸을 적 엄마가 들려준 '타경' 이야기가 생각났다고 했다. 그날 이후 울적한 날에는 옥상에 올라가 서울의 야경을 보면서 '타경'을 가슴에 새기며 열심히 하고 있으니 걱정하지 말라는 내용이었다.

'타경'을 잊지 않고 있다니…. 두 아들이 중학생이었을 때 나는 교육청 장학사였다. 부교육감님이 새로 부임하셨는데 그분의 호號가 바로 '타경打京'이었다. '서울을 깨뜨리다'라는 뜻이라 했다. 전주에서 대학을 졸업하고 행정고시에 합격하여 교육부에 발령을 받았는데, 대부분 소위 SKY대 출신이고, 지방대 출신은 한두 명이어서 너무 외롭고 힘들었노라고 했다. 심정적으로 위축됨은 물론이고 학연과 지연으로 눈에 보이지 않은 불이익을 당하는 것 같아 자신의 호를 '타경'이라 짓고, 어려울 때마다 마음을 다잡고 노력하여 극복할 수 있었다고 했다.

그 이야기를 들을 당시, 나는 여고 때 시골에서 올라와 자취하던 시절이 떠올라 진하게 공감했다. 점심시간에 도시락을 꺼낼 때마다 느꼈던 부끄러움과 부러움이 뒤섞인 묘한 낭패감으로 어쩐지 힘이 빠지고 주눅이 들던 그 기분이 새삼 되살아났다. 추운 자취방에서 손을 불어가며 공부는 열심히 했지만 호까지 지어가며 마음을 다잡을 생각은 미치지 못했던 나는 두 아들이 어쩌면 가까운 미래에 똑같이 겪을지도 모를 운명을 극복해야 한다며 '우물 안 개구리가 되지 말고 넓은 세상으로 나가라'고 강조했던 모양이다. 정작 나는 까마득히 잊고 있던 '타경' 이야기를 서울에서 재수하던 큰애가 기억해내고 마음을 잡아 힘든 시간을 이겨내고 있다니 놀랍고 고마웠다.

'대한민국은 서울공화국'이라는 말이 있다. 서울을 중심으로 수도권에 우리나라 전체 인구의 절반 가까이가 살고 있으니 과히 틀린 말은 아니다. 자연히 서울을 뺀 나머지를 지방 또는 시골이라고 부르면서 절대적 우월감으로 얕잡아보는 세태다. 우리 역시 그러한 세태를 별 거부반응 없이 받아들이고 있다면 나만의 편견일까. 정치, 경제, 사회, 문화, 교육 등 모든 부분에서 지방에 산다는 이유만으로 참아야 하는 불편함을 감내하기에는 좌절감과 상처가 너무나 깊다.

지방대생이 취업에서 소외되고 있다는 것은 삼척동자도 다 아는 불편한 진실이다. 솔직히 자녀를 서울로 진학시키려면 하나에서 열까지 고스란히 부모의 부담이 된다. 하숙이나 원룸을 얻는 데 경제적 부담이 크고, 식사 문제 역시 만만치 않다. 또한 집 떠난 외로움에서 오는 심리적 불안정과 간섭할 사람이 없는 자유분방함에서 오는 무절제한 생활 습관이 염려되지만 부모는 다 큰 자녀이니 알아서 하겠지 하는 불안한 믿음을 가질 수밖에 없다. 서울에 사는 부모들보다 모든 점에서 부담이 크다.

오늘날은 스마트 폰으로 안방에 앉아서 지구촌 곳곳 통하지 않는 곳이 없고, 전국이 일일생활권이 된 지 오래다. 초음속 비행기가 개발되면 뉴욕에서 아침 먹고 파리에서 영화 보며 밤에는 서울에서 잠잘 수 있는 세상이 곧 다가온다. 작년인가 네덜란드의 한 벤처회사가 발표한 화성 이주계획에 1만 명이 넘는 사람이 몰렸다는 뉴스가 있었다. 2억 원짜리 5분 우주여행 예약이 삽시간에 동이 났다는 기사도 보았다. 그야말로 우주 시대가 열리고 있는 마당에 서울과 지방을 따져가며 애면글면하는 나 자신이 초라하기도 하다. 하지만 적어도 자식들은 전 세계를 누비며 당당하게 살아가기를 바란다. 더 이상 '타경'이라는 말이 필요 없어야 된다. 두 아들이 깨뜨리고 뛰어넘어야 할 대상은 서울이 아니라 자신들의 마음속에 있는 두려움과 나약함이 아닐까. 중요한 것은 타경打京이 아니라 타아打我인 셈이다.

그래도 당장 눈앞에는 냉혹한 현실이 기다린다. 이번에 둘째의 취업 과정을 지켜보며 지치고 힘든 아들의 손 한 번 잡아주면서 따뜻한 말 한마디 건넬 수 없고, 따뜻한 밥 한 끼를 해먹일 수 없는 현실이 안타깝다. 아직도 지방에서 올라간 수많은 젊은이들이 노량진 학원가나 좁은 원룸 구석에서 청춘을 유보한 채 피 말리는 시간을 보내고 있다. 어쩐지 그들에게 미안하고, 그러한 자식들을 멀리서 바라봐야 하는 지방에 사는 부모들에게 한없는 연민의 정이 생긴다.

어느새 차갑게 식어버린 커피를 한 모금 마신다. 씁쓸한 마음만큼이나 쓰디쓰다. 창밖은 여전히 어둡고, 차 안은 마치 아무도 타지 않은 듯 무거운 정적만 흐른다. 요란한 것은 엔진 소리뿐이다. 아직도 전주까지는 한참을 달려야 한다. 멀고 먼 서울과 전주 사이이다.

(2014. 1.)

# 열하일기熱夏日記

8월이 되면서 아침마다 주차 전쟁이다. 여름 휴가철이면 도로도 한산하고 주차장도 여유가 있어야 마땅하지만 내가 근무하는 곳은 오히려 정반대다. 방학을 맞이하여 교사 연수로 온종일 주차장은 만원사례다. 아침 출근 때는 조금만 늦어도 건물 뒤편 그늘진 곳은 이미 다 채우고 건물 앞 땡볕 주차장만 몇 자리 남아있다. 이런 주차전쟁은 점심시간에 한 차례 더 일어난다. 구내식당이 없다 보니 밖에서 점심을 먹어야 하니 또 다시 주차전쟁이다. 달걀을 깨트리면 금방 프라이가 될 것 같은 폭염 아래 주차장을 몇 번 돌다 보면 진땀이 난다. 총칼 없는 전쟁터 같다.

오늘은 아침부터 그 전쟁터에 끌려들고 말았다. 일찍 서둘러 출근했건만 이미 그늘진 곳은 만원이었다. 언감생심焉敢生心! 애초에 그늘을 염두에 두고 건물 뒤로 간 것부터가 잘못이었다. 딱 한 대 정도의 주차 공간만 겨우 남아있는 귀퉁이에 내 빈약한 주차 실력으로는 버거웠지만 선택의 여지가 없었다. 별수 없이 통로를 가로막고 주차를 시도했다. 마침 그때 앞쪽으로 차가 나타났다. 잠시 기다려달라는 손짓을 보내기가 무섭게 반대쪽으로도 차가 나타났다. 진퇴양난이었다. 앞뒤로 내 차를 막고 있으면서 오히려 나보고 빨리 주차를 하라는 듯 창문으로 고개를 내밀고 빤히 쳐다보고 있었다. 난감했다. 몇 번을 앞뒤로 왔다 갔다 하면서 간신히 주차를 마치고 나니 이미 땀범벅이 되었다. 기다려준 사람들에게 미안하기도 하고 부끄럽기도 했다. 그래도 15년 이상의 운전경력인데 초보 때나 지금이나 조금도 나아지지 않는 주차실력이 한없이 원망스러웠다.

나의 형편없는 주차실력은 면허증을 딸 때부터 예견된 숙명이었다. 운전학원에서 T자, S자 등을 연습할 때만 해도 꿈에 부풀어 있었다. 남들이 단번에 실기시험을 통과했다고 자랑할 때 '설마 나라고 못하랴.' 싶었다. 그러나 결과는 참담했다. 네 번이나 떨어지고 나서야 겨우 합격하다니, 정말 죽을 맛이었다. 당시 30대의 풋풋한 내가 머리가 희끗희끗한 5~60대 아저씨 아주머니들도 한 번에 거뜬히 합격하는 것을 보면서 그때 느꼈던 낭패감이란…. 가까스로 따낸 면허증이 나에게는 특별했지만 누구에게도 자랑할 수 없었다.

더구나 면허증을 땄다고 바로 운전할 수도 없었다. 도로 주행 연습이 기다리고 있었다. 처음 도로에 나갔을 때 강사가 옆자리에 있었지만 얼마나 긴장했는지 가다 서다를 반복했다. 보다 못한 강사가 운전대를 잡더니 꼬챙이처럼 뾰족한 하이힐로 보란 듯이 브레이크와 엑셀레이터를 밟았다 떼었다 반복했다. '이렇게 쉬운 운전을 왜 못하는지 모르겠다.'는 표정이었다. 주행 연습 몇 시간 동안 얼마나 많이 면박을 당했는지, 지금 생각해도 울화가 치민다. 마치 일부러 높은 힐을 신고와 나의 자존심을 꼭꼭 찍어대는 것 같은 굴욕감이었다. 그런 혹독한 시간을 거쳐서인지 난생처음 나 홀로 운전할 때의 성취감은 참담했던 굴욕감을 뛰어넘는 그 이상이었다.

면허증을 그렇게 어렵게 따고, 주행도 그렇게 버벅댄 것은 운동신경이 부족하기 때문이다. 부족한 운동신경은 살면서 나에게 숱한 좌절감을 안겨주었다. 초등학교 3학년 때 늑목 타고 올라갔다 되돌아오는 이어달리기 시합에서 늑목에 올라가서 무서워서 내려오지 못하고 매달려 울었던 일이 최초의 사건이다. 운동회 때 한 줄에 8명씩 한꺼번에 출발하는 100미터 달리기에서 나는 6년 동안 한 번도 꼴찌를 면해본 적이 없었다. 오죽했으면 다음 줄에서 출발한 1등이 내 앞을 가로지른 적도 있었다. 그때는 왜 그리 주눅이 들고 창피했는지…….

사람은 모든 면에서 다 잘할 수는 없다. 누구나 남들보다 잘하는 것이 있다면 못 하는 것이 있기 마련이다. '같은 엄마 뱃속에서 나와도 아롱이다롱이'라고, 옛 어른들은 현실을 있는 그대로 받아들이고 인정해주는 지혜를 가지고 있었다. 또한 "오르지 못할 나무는 쳐다보지 말라."는 말로 쓸데없는 욕심 부리지 말고 현재에 만족하라고 가르치지 않았던가.

이렇게 단순명료한 만고불변의 진리를 깨닫기까지는 꽤 많은 시간이 걸렸다. 한때는 최고가 되고 싶었고 최고가 되기 위해 최선을 다하는 것이 잘 사는 것인 줄 알았다. 그래서 언제나 나를 채찍질하면서 살았다. 원 없이 일했고, 원 없이 힘들었으며, 원 없이 행복했노라고 스스로를 위로하기도 했다. 그러나 냉정히 생각해보면 바라는 대로 일이 잘 풀릴 때도 있었지만 그러지 못했을 때가 더 많았다. 매 순간 긴장해야 했고 스트레스도 많이 받았다. 일에 집착하다 보니 주변이 보이지 않았고 나의 행복은 물론이고 가족의 행복 역시 우선순위에서 밀려나 있었다.

그즈음 어느 날, 서울 출장길에 고속버스를 기다리던 자투리 시간에 잠깐 들른 서점에서 발견한 박경리 유고시집 중 한 대목이 가슴을 때렸다.

"… 청춘은 너무나 짧고 아름다웠다./ 잔잔해진 눈으로 되돌아보는/ 청춘은 너무나 짧고 아름다웠다./ 젊은 날에는 왜 그것이 보이지 않았을까…"

정말 그토록 아름다운 청춘이 왜 젊은 날에는 보이지 않았을까. 오늘 이 순간 무엇 때문에 나는 이렇게 힘들게 사는가. 인정받고 싶어서? 승진하기 위해서? 그것도 아니면 부자가 되고 싶어서? 나는 어떤 것도 바로 이것 때문이라고 답할 수 없었다. 열심히 살고 있다고 아니 살아야 한다고 스스로를 채찍질하면서도 정작 인생에서 중요한 것은 보지 못하고 놓치고 있다는 생각이 들었다.

그날 이후, 잔잔하게 지난날을 되돌아보니 내가 잘하는 일도 있지만 잘하지 못하는 일도 많았다. 그중에서 남들보다 월등히 부족한 것은 바로 운동신경이었고, 몸을 움직여서 하는 일은 어떤 것도 잘 해내지 못했다. 부족한 주차실력도 그중의 하나일 뿐이다. 그리 생각하고 나니 조금 편안해지기 시작했다.

오늘 아침도 사무실 사람들에게 웃으면서 고백할 수 있었다. 아침부터 땀을 비 오듯 흘리면서 낑낑대고 주차했노라고. 덧붙여서 4전5기 끝에 따낸 운전면허증 이야기까지. 깔깔거리며 같이 웃던 남자 동료 한 명이 하는 말, "내일 아침에 한 바퀴를 돌아도 주차 못 하면 바~로 전화 주세요. 바람처럼 날아가 주차해 드릴게요. 대신 시원한 냉커피, 부~탁해요."

(2013. 8.)

# 울 언니

늦은 저녁을 먹고 느긋하게 TV를 보고 있을 때 휴대폰 벨이 울렸다. 오빠였다. 다급한 목소리로 "언니가 집에서 넘어져서 일어나질 못해 지금 ○○병원에 왔는데, 오늘 밤에 아주 큰 수술을 한단다."라고 했다. 어쩌다 또 넘어져서 고생을 할까 하면서 형부에게 전화를 하였다. 신호음만 갈 뿐 받질 않는다. 야간에 수술 일정이 잡힌 것이 위급상황이 분명했다. 수술 시간이 얼마나 걸릴지 알 수 없고, 가도 면회가 안 된다 하니 집에서 초조하게 기다릴 수밖에 없었다.

요즘 70대 중반이면 아직은 아주머니 소리를 들음직도 하지만 언니는 얼굴에 주름이 가득하고 허리가 많이 구부러진 완전 할머니 모습이다. 언니를 볼 때마다 가슴 아파하시던 친정어머니가 생각난다. 얼굴도, 목소리도, 말수도 완전 판박이처럼 어머니를 빼다 닮은 언니이고, 어머니가 돌아가신 뒤로 내게는 친정어머니 같은 언니다.

시골에서 농사일은 고되었으나 2남 2녀를 반듯하게 길러내어 시집 장가를 보냈다. 해마다 언니는 4남매와 사돈네, 친가와 친정 형제들의 간장, 고추장, 된장, 밑반찬과 쌀, 깨, 콩, 마늘 등의 농산물을 챙겨 보냈다. 농사지어 자식들 가르치고, 형제들과 친척들에게 마치 로컬 푸드 농장주같이 몇십 년간 철철이 좋은 먹거리를 보내곤 했으니 몸이 배겨날 수가 없었을 것이다.

농사철이 아닌 겨울에라도 쉬면서 한가한 시간을 보내면 좋으련만 이웃끼리 모여 쌀로 조청과 엿을 만들어 팔면서 한시도 쉬지 않았다. 처음에는 그냥 시골 엿 정도로 알았으나 '박사 고을 엿'이라는 브랜드가 붙으면서 수요가 늘어나 마음대로 쉴 수도 없다고 한다. 어쩌다 눈비 오는 날 모처럼 집에서 쉬어도 머리에서 발끝까지 쑤시고 안 아픈 곳이 없어 약을 입에 달고 지내 마음을 아프게 했다.

생각해 보면 언니는 어린 시절부터 나에게는 엄마나 다름없었다. 목수였던 아버지가 사고로 크게 다치시면서 집안이 풍비박산되었고, 몸이 성치 못한 아버지는 맨주먹으로 가족을 이끌고 고향으로 낙향하셨다. 고향 마을 선생님으로 발령 난 오빠 덕분에 조금 형편이 나아지고 있을 때 아버지께서 뇌출혈로 돌아가셨다. 그 후 어머니는 들판 일을 하셨고 언니는 혼기가 차면서 집안일과 텃밭 일을 했다.

그때 나는 초등 5학년으로 학교 끝나고 집에 오면 엄마 대신 늘 언니가 있었다.

언니는 학교가 파하고 먼 길을 걸어온 나에게 정짓간의 검은 솥에서 찐 고구마나 감자를 챙겨주곤 했다. 그걸 먹으면서 언니에게 학교에서 일어난 일을 미주알고주알 이야기했다. 언니는 청소나 빨래, 밥 짓는 등 늘 뭔가 집안일을 하면서 내 이야기를 들어주었다. 초등학생이었으니 이야기가 중구난방이었을 텐데 "그래서? 그다음은?" 등등 추임새까지 넣으면서 잘 들어주었다. 나는 신이 나서 이런 저런 학교 이야기를 했고, 정 할 이야기가 없으면 동화책 읽은 이야기까지 주절주절했다.

요즘 말로 한다면 스토리텔링을 하도록 언니는 내 이야기를 경청하고 적당히 질문도 해주는 훌륭한 독서 선생님이었다. 나는 고구마의 달콤한 유혹도 컸지만 내 이야기를 잘 들어주는 언니가 너무 좋았고, 언니에게 어떻게 하면 더 재미있게 이야기를 할까 하고 집에 오는 길에 늘 궁리하곤 했다. 또 언니는 어디서 배웠는지 양재 기술이 있어 꽃무늬 원피스 같은 것을 예쁘게 만들어 나를 입혀줘 주변의 부러움을 샀다.

그런 언니가 시집간다고 했을 때 세상이 무너지는 듯했다. 괜스레 형부가 미웠다. 언니는 엉엉 우는 나를 꼭 껴안아 주면서 학교 끝나면 날마다 언니네 집에 오라고 했다. 언니네 집은 학교 뒷동네에 있었는데, 사돈 어르신과 시동생들이 같이 살고 있어 막상 언니네 집에 갈 수는 없었다. 나는 학교가 끝나도 나를 반겨줄 사람이 없다는 슬픔에 한동안 빠져 있었으나 그럭저럭 세월이 흘러 중학생이 되었다.

그 당시 형부가 우리 집에 왔는데 중학생이 되었다고 나에게 용돈을 주었다. 난생처음이었다. 그때까지 한 번도 용돈을 받아 본 적이 없는 나는 그동안 미워했던 형부에게는 조금 미안했다. 고백건대 처음엔 나에게서 언니를 뺏어 간 형부가 싫었고, 그 후로는 간혹 용돈을 주던 형부가 싫지는 않지만 그렇다고 좋지도 않았다가, 철이 든 이후엔 언니에게 힘든 일을 많이 시킨다고 다시 싫어했다.

솔직히 형부는 부지런하여 시골에서 고소득이 될 만한 일은 이것저것 다 해보는 성실한 농부였다. 그러나 시작은 형부가 했으나 마지막은 꼭 언니 손을 거쳐야 했으니, 하나의 일이 끝나기도 전에 또 다른 일을 시작하여 언니는 늘 뒤치다꺼리 하느라 힘들었을 것이다. 덕분에 4남매는 잘 키웠지만 언니의 몸은 망가질 대로 망가졌다.

그러나 그렇게 힘든 일을 하면서도 언니는 셈이 빠르고 기억력도 비상하였으며, 입담이 좋아 항상 좌중을 웃음바다로 만들곤 했다. 처녀 때 가냘프고 여릿했던 모습은 간데없고 목소리도 크고 투박하게 변했다. 드라마를 워낙 좋아해서 들판에서 일할 때도 라디오를 끼고 살았다. 오랜만에 형제들이 모여 저녁 먹는 자리에서도 드라마 시간에는 딴 방에 가서 조용히 보고 끝나야 나오는 극성팬이었다. 행여 연속극 내용을 물어보면 주인공들의 대사를 한마디도 놓치지 않고 연기하듯 실감 나게 이야기해 주곤 했다.

언젠가 TV에서 박사 고을 취재를 나온 적이 있는데, 박사가 많이 나온 집안 어머니를 물어물어 찾아와 느닷없이 언니에게 "어떻게 자녀들을 박사로 많이 키웠어요?"라며 카메라를 들이댔다고 한다. 그때 언니는 부추밭에서 일하는 중이었는데, 느닷없는 질문에 이것저것 생각할 겨를도 없이 동네 아줌마들 수다 떨 듯 "부추를 겁나게 멕였지요."라고 불쑥 답했다고 한다. 답하고 보니까 자신도 우습고 창피해서 다시 찍자고 했건만 기자는 사투리랑 부추밭이랑 자연스럽고 좋다며 그대로 끝냈다고 한다. 그 화면이 방송을 타면서 덕분에 박사고을 부추 홍보가 잘되었다고 여기저기서 칭찬 반 농담 반 전화가 불이 났다며 어깨를 으쓱이곤 했다. 가족들은 늘 언니가 공부를 많이 했으면 드라마 작가나 아나운서가 되었을 거라고 아쉬워했다.

그렇게 총명하고 억척스럽던 언니도 세월은 비켜 갈 수 없었나 보다. 많이 쇠약해져 허망하게 넘어졌고, 양쪽 고관절이 부서져 꼼짝없이 누워 있어야 하다니…. 아무리 자식들을 의대 교수, S전자 연구원, 교사 등 나름 훌륭히 키워냈어도 흐르는 세월 앞에 늙고 병들어 쪼그라드는 언니의 몸 하나 제대로 건사하기 힘들다면 무슨 소용이 있으랴.

그날 저녁 늦게 수술은 잘되었고 2~3일 지나야 면회가 가능하다는 형부의 전화를 받았다. 면회 가던 날, 언니에게 뭐가 필요하냐고 묻다가 또 우리를 놀라게 했다. "병원에 가만히 누워 있으니 심심하다. 재미난 읽을거리 좀 가져와라."고 한다. 대수술 후 회복기에 있는 시골 70대 꼬부랑 할머니가 책을 가져오라니. "돋보기도 가져갈까?"라는 내 물음에 "돋보기는 필요 없다. 잘 보인다."라고 한다.

오히려 돋보기가 없으면 안 되는 사람은 정작 동생인 나인데, 세상은 참 알 수 없다.

여하튼 나는 즐거운 고민에 빠졌다. 무슨 책을 가져갈까. 문득 박완서의 《노란집》의 한 대목이 떠올랐다. 작가는 노후에 한적한 서울 외곽에서 살았는데 아침저녁으로 마당에 나가 풀 뽑고 꽃 가꾸며 채소를 기르다 보니 항상 손톱 밑에는 흙이 끼어있었다고 한다. 어느 날 갑작스런 작가협회 회의가 생겨 마당에서 풀 뽑다 말고 급하게 시내를 나왔는데, 차 안에서 보니 손톱 밑에 낀인 흙이 눈에 거슬려 자신도 모르게 자꾸만 손이 허리 뒤로 숨겨졌다고 했다.

그러나 곰곰 생각해보니 농촌에 살면서 굳이 손톱 밑의 흙을 부끄러워 할 일이 아닌데 숨기는 자신이 한심하더란다. 도시의 여인들이 멋을 내기 위해 빨간 매니큐어를 칠한다면 난 고귀한 노동의 댓가로 흙으로 만든 까만 매니큐어로 칠했노라고 스스로를 위로하면서 당당하게 손을 뻗쳐 버스의 손잡이를 잡았다고 했다. 누가 그런 자신을 '엽기 노인'이라 해도 좋다고 스스로에게 당당히 소리쳤다는 노작가의 글이 생각나 그 책을 가방에 챙겨 넣었다.

아니나 다를까. 며칠이 지나 다시 병원을 찾아갔더니 환자복을 입은 꼬부랑 할머니가 돋보기도 없이 그 책을 보고 있었다. 재밌냐는 나의 질문에 "야, 첫 장에 노란 집 짓고 사는 70대 할아버지 할머니 부부가 투닥투닥 싸우면서도 정답게 사는 이야기가 꼭 우리 부부 같더라."고 한다. 다행이다 싶으면서도 아직 엽기 노인 대목은 읽지 않았나 싶었다. 다음에 면회 갈 때는 "언니도 까만 매니큐어를 칠한

엽기 노인이야?"라고 물어봐야겠다.

양쪽 고관절을 다 수술했기 때문에 이제는 더이상 들판에서 농사일은 할 수 없을 텐데, 이제부터라도 그 옛날 손끝 야물고 마음씨 곱던 처녀 시절처럼 손주들에게 옛날이야기도 해주고 좋아하는 드라마도 실컷 보면서 편안하게 남은 생을 살았으면 하는 바람이 간절하다. 그리고 이건 결코 남의 이야기가 아니고 바로 나의 가까운 미래이야기일 듯해서 코끝이 시큰해졌다. 불현듯 대학 시절 좋아했던 〈청춘〉이라는 노래가 떠올랐다. "언젠가 가겠지 푸르른 이 청춘 지고 또 피는 꽃잎처럼… 차라리 보내야지 돌아서야지 그렇게 세월은 가는 거야…" 그렇게 언니의 청춘이 지고 인생이 흘러갔고 있었다. 이제 머지않아 나의 청춘도, 인생도 언니처럼 그렇게 지고 세월은 갈 것이다.

(2020. 8.)

# 미뤄진 약속

그날 밤, 선생님으로부터 전화가 온 것은 9시가 훨씬 넘어서였다. 발신자에 선생님 이름이 떴다. 수화기 너머 선생님의 목소리에 힘이 없으셨다.

"무슨 일 있으세요?"

순간 다음날 점심을 같이하기로 한 약속이 생각났다. 아니나 다를까.

"별일은 없다. 하지만 내일 점심 약속을 미뤘으면 한다."

"아, 그래요? 그럼, 그러지요. 근데 선생님, 어디 아프신 건 아니지요?"

재차 묻는 나에게 선생님은

"마음이 아프다. 도저히 누구를 만나서 웃고 이야기할 수가 없을 것 같다."고 하셨다. 세월호가 침몰하던 날 밤이었다.

선생님은 여고 시절 교련을 가르치셨다. 지금은 없어졌지만 당시는 학교에 학도호국단이 설치되어 교련과목이 있었다. 열병과 분열 같은 제식훈련과 응급처치 등을 배웠다. 선생님의 구령에 따라 열을 지어 박자를 맞춰 걸어야 했는데 그게 정말 어려웠다. 앞뒤는 물론이고 좌우까지 줄과 간격을 맞춰야 했고, 팔을 들어 올리는 높이도 같아야 했다. 운동신경이 둔한 나는 그 시간이 끔찍이도 싫었다.

군복 같은 옷에 모자를 쓰고 하얀 장갑을 낀 손으로 호루라기를 불면서 선생님은 힘차게 구령을 붙이셨다. '말똥 굴러가는 것만 보아도 웃는다.'는 방방 뜨는 여고생 천오백여 명을 구령 하나로 꼼짝 못 하게 하는 선생님의 카리스마는 엄청났다. 카랑카랑한 목소리, 자신감 넘치는 동작, 세련된 말투, 호소력 있는 말씀에 무서워하면서도 나는 은근히 선생님을 좋아했다.

비 오는 날이면 선생님은 운동장이 아닌 교실에서 늘 이야기를 해주셨다. 당시 월남전에 대한 미국과 소련의 입장이나 북한과 중국과의 관계 등 국제 정세를 쉽고 재미나게 설명해주셨다. '백의의 천사' 나이팅게일과 적십자 창시자 앙리 뒤낭 이야기도 해 주셨다. 선생님은 항상 "너희는 장차 우리나라를 이끌어갈 사람들이다. 하나하나가 소중한 존재이다. 자신을 사랑하고 바르게 성장하여 국가와 사회에 꼭 필요한 사람이 되어야 한다."는 말씀으로 끝을 맺으셨다. 나는 선생님의 엄숙한 표정에 압도되면서도 진한 사랑이 느껴져 남몰래 가슴이 뜨거워지곤 했다. 선생님은 철없던 여고생의 가슴에 애국심과 자부심, 자존감과 함께 선생님이 되고 싶은 꿈을 심어 주셨다.

그날 밤, 선생님의 전화는 문득 그 옛날을 떠올리게 했다. 40여 년의 세월이 지났건만 선생님의 아이들 사랑은 변함이 없었다. 바다 속에 있는 아이들과 살아남은 아이들, 학교에 남겨진 아이들, 선생님과 부모님들을 생각하면 '마음이 아프다.'는 말씀이 가슴에 파고들었다. 퇴직하신 지 꽤 오래되었지만 현직에 있는 나보다 더 힘들어하시는 선생님을 보면서 스스로가 부끄러워 그날 밤 쉽게 잠들지 못했다.

그날 이후 날마다 슬픔과 절망, 미안함과 수치심, 분노가 뒤섞인 우울한 뉴스 속에서도 묵묵히 자리를 지키며 작은 희망을 만들어가는 선생님들을 보았다. 침몰해가는 배 안에서 아이들을 구하다가 끝내 못 빠져나온 선생님들. 혼자 살아남아 미안하다며 죽어서라도 선생이 되겠다며 제자들이 숨진 바다에 재를 뿌려 달라고 하신 교감 선생님. 죄인이 된 심정으로 진도체육관에서 눈물까지 말라버린 부모님들의 손을 잡아주고 밤낮없이 돕고 있는 학교 선생님들. 남겨진 아이들의 상처를 감싸주고 싶어 단원고로 발령 내달라는 이웃 학교 선생님들.

비단 그들뿐이랴. 빠르게 세상이 변했다는 이유로, 요즘 아이들은 다 그렇다는 이유로 그동안 선생님으로서 기본 책무와 아이들 사랑에 게으름을 피우지 않았는지 스스로를 되돌아보는 이 땅의 수많은 선생님들. 그리고 그날 밤 끝내 나를 잠들지 못하게 하신 여고 때 선생님까지….

어른들의 무능과 무책임으로 너무 많은 아이들이 한꺼번에 제대로 피어보지도 못하고 희생된 어처구니없는 현실에 '스승'이라는 말은 공허하게 들린다. 그래도 우리 모두는 누군가의 스승이면서 또 누군가의 제자이기도 하다. "형 미칠 아우 없고, 아비 미칠 아들 없다."라고, 단발머리 여고 시절부터 이제 중견 교사라는 말이 어색하지 않는 지금까지도 선생님은 가르침을 주고 계셨다. 선생님이 나에게 평생 선생님이시듯 나도 누군가에게 그런 선생님이 되고 싶다면 지나친 욕심일까?

올해도 어김없이 스승의 날은 다가오고 있다. 미안하고 부끄럽지만 내일은 용기를 내어 선생님께 전화를 드려야겠다. '선생님. 아직도 마음이 많이 아프시지요? 그래도 너무 아파하지 마세요. 같이 힘내시게요. 아이들이 있잖아요?' 그리고 점점 침몰해가는 세월호 안에서 "엄마, 내가 말 못 할까 봐 보내요. 사랑해요."라고 문자를 넣었던 그 아이처럼 더 늦기 전에 선생님에게 고백해야겠다. '선생님, 저의 선생님이셔서 정말 감사해요. 그리고 사랑해요!'

(2014. 5.)

# 어쩌라고 봄비는

아침부터 비가 내렸다. 봄비다. 긴 겨울이 지나고 3월도 끝자락이니 봄을 알리는 단비는 아니다. 추위가 막바지 기승을 부릴 때 맨 먼저 진홍 꽃망울을 터트리면서 따뜻한 봄소식을 전해 주었던 대문 앞 홍매紅梅는 이 비가 그치면 소리 없이 꽃잎을 떨어뜨리고 말 것이다. 처마 밑 양지바른 앞마당에 수줍게 피어 봄기운을 전해 주던 노란 수선화 역시 고개를 숙일 것이다.

그래도 이 비 덕분에 미처 움도 틔우지 못했던 모란이 뒤늦게 겨울잠에서 깨어나 고고하게 자줏빛 새순을 선보일 것이다. 길가 쪽

광나무 울타리를 따라 원추리의 연초록 새순도 귀엽게 고개를 내밀 것이다. 집 밖 동편 산등성이로 이어지는 작은 개울가 버드나무도 연둣빛 새순을 무성하게 돋아낼 것이다.

봄비를 가르면서 출근하는 발걸음이 가벼웠다. 사무실 창 너머로 이웃 초등학교 학생들이 노란 개나리가 피어있는 담장 밑으로 우산을 쓰고 지나간다. 두 아들이 다 커버린 나에게는 실로 오랜만에 보는 잊고 살았던 정겨운 모습이다. 한동안 아이들의 재잘거리는 소리에 빗방울 떨어지는 소리가 묻히나 싶더니 이내 조용해졌다. 비는 온종일 내렸다. 퇴근길에도 내렸다. 저녁을 먹고 잠자리에 들 때까지도 쉼 없이 내렸다. 봄비치고는 꽤 나 많이 내린다 싶었는데 밤이 깊을수록 빗줄기는 더 굵어졌다. 처마 끝에서 똑똑 떨어지는 빗물 소리에 잠이 쉽게 오지 않았다. 어쩌라고 봄비는 이렇게 하염없이 내리는 것일까.

순간 왜 그 노래가 생각났는지 모르겠다. "…나를 울려주는 봄비…" 어쩌고 하는 노랫말이 입가에 맴돌았다. 라디오로 들었던 허스키한 목소리가 생각났다. 아마도 중학생 때였을 것이다. 노래를 빼어나게 잘하던 둘째 언니는 라디오를 끼고 살았다. 지금이야 TV도 라디오도 스마트 폰에 다 들어있으니 듣고 싶은 노래나 보고 싶은 프로를 혼자서도 맘대로 즐길 수 있지만 그 옛날엔 달랐다. 집안에 하나 있는 게 라디오였다. 어려운 집안 사정으로 학업을 포기해야 했던 언니는 말수가 점점 줄어들었다. 언니의 유일한 말벗은 라디오였고, 라디오에서 흘러나오는 노래를 따라 부를 때 언니는 행복해

보였다.

이른바 사춘기였던 언니는 유독 슬픈 노래를 좋아했다. 그 시절 이렇게 비가 오는 날 언니가 부르는 노래를 듣다 보면 나도 모르게 눈물이 나곤 했다. 〈봄비〉는 언니의 애창곡이었다. "나를 울려주는 봄비" 부분은 귀가 닳도록 들었던 대목이었다. 삼사십 년이 지났는데도 뜬금없이 그 대목이 또렷이 생각나는 건 순전히 이렇게 늦은 밤까지 내리는 봄비 때문일 것이다. 아니, 어쩌면 노래처럼 봄비가 정말 나를 울려주기 때문일지도 모른다. 그때는 잘 몰랐지만 언니를 울리게 하는 그 무엇 때문에 언니도 그 노래를 부르고 또 불렀는지도 모른다.

3월이 되면서 자리가 이동되었다. 세상만사 내 뜻대로 살 수 없다는 것은 말해 무슨 소용이 있으랴만 이번은 미처 준비를 못 해서일까, 마음을 잡기가 쉽지 않았다. 주변에서 축하해야 할지 위로해야 할지 조심스럽게 물어오는 사람도 있었다. 새로운 곳으로 첫 출근을 하던 날, 몇몇 사람들이 보내준 화분이 기다리고 있었다. 뭐라 말하기 어려운 묘한 기분이었다. 애써 덤덤하게 생각하려 했지만 그래도 마음 써준 사람들이 고마웠다. 화분 하나하나를 보다가 문득 한곳에 시선이 멈췄다. 대부분 형형색색의 봄꽃이 화사하게 피어 있었는데, 그 화분은 푸른 잎만 무성한 이름 모를 관엽수였다. 누가 보냈을까. 리본에 쓰인 글을 본 순간 그만 울컥하고 말았다.

"사랑합니다." 어떻게 그녀는 이렇게 정확히 내 마음을 읽을 수 있었을까. 마치 내 안을 훤히 들여다본 것 같았다. '축하한다'는 말 대신 '사랑한다'는 한마디는 그즈음 내가 가장 듣고 싶어 했던 말이었을지 모른다. 세상 모든 사람이 알지 못해도 단 한 명이라도 진심으로 나의 마음을 읽어준 사람이 있다고 생각하니 가슴이 뜨거워지기 시작했다. 화려하게 피어있는 꽃은 언젠가는 시들겠지만 그 관엽수는 한동안 푸르름을 자랑하며 쉽게 시들지 않을 것이다. 그녀는 그 말을 하고 싶었을까. 상록수처럼 변치 않는 늘 푸른 사랑을 나에게 보내고 싶어서였을까. 아니면 상록수처럼 온갖 역경을 딛고 꿋꿋이 푸르게 삶을 살아가라는 무언의 말을 하고 싶어서였을까. 그 옛날 〈봄비〉 노래 한 가락이 언니를 한없이 울려주었듯이, 그날 아침 화분에 쓰인 한마디는 끝내 나를 울리고 말았다.

깊은 밤이다. 아직도 비가 내리고 있다. 어쩌라고 봄비는 이렇게 무정하게 내리고 있는가. 어쩌라고 봄비는 이렇게 나를 잠 못 들게 하는가. 내일 아침 출근하면 그 푸른 잎들이 넘치는 화분을 봄비 내리는 창가에 내놓아야겠다. 길고 긴 하루다.

(2014. 3.)

# 수국

어릴 적 봄이 되면 시골집 담벼락에 수북이 피어나는 하얀 꽃봉오리들이 있었다. 튀밥을 뭉쳐 놓은 듯해서 우리는 '튀밥꽃'이라 불렀다. 마을 정자나무 아래서 동네 아이들이 모여 그 꽃봉오리를 따다가 깨진 사금파리 조각에 밥이라고 차려놓고 소꿉놀이하면서 놀았다. 어린 시절 초파일 날 엄마를 따라간 동네 앞산의 절 마당에서 그 꽃을 보았다. 꽃 이름이 부처님 머리 꽃, 불두화佛頭花라는 것을 그때 처음 들었다. 부처님 머리 모양으로 곱슬곱슬하기 때문이라 했다.

세월이 훌쩍 지나 어느 해 여름, 제주도에 갔을 때 해변 돌담

위로 무리 지어 피어있는 불두화를 보았다. 어릴 적 본 하얀색이 아니었다. 파란색, 하늘색, 보라색뿐 아니라 분홍색, 자주색도 있었다. 그건 불두화와 비슷한 듯 조금 다른 '물을 많이 먹는 국화'라 해서 물 국화, 수국水菊이라 했다. 가까이 들여다보니 꽃잎마다 사람의 실핏줄처럼 잎맥이 촘촘히 박혀 있어 꽃송이가 살아 움직이는 것 같았고, 꽃잎을 만져보니 부드럽고 촉감이 좋아 솜이불처럼 푹신푹신했다. 작은 꽃송이가 모여서 크고 탐스러운 꽃송이를 만드는데 한 송이가 어찌나 큰지 아기 머리통만 해서 한 손으로는 잘 잡히지도 않았다. 불두화와 같은 듯 다른 수국은 이름도 예뻤지만, 수수하면서도 화려했고 상큼발랄하면서도 어딘가 쓸쓸해 보이는 처연함이 있었다. 신비로웠다. 그러고 보니 제주도 바닷가는 천지가 수국 길이었다. 장관이었다.

그즈음 또 다른 수국을 만난 건 조정래의 《아리랑》이었다. 착하고 예쁘지만 힘든 삶을 살아야 했던 감골댁네 셋째 딸 수국. 일본놈과 일본 앞잡이들에게 처절하게 짓밟혀야 했던 조선 처녀 수국의 슬픈 이야기는 바로 우리 민족의 운명과도 같았다. 수국이 못된 일을 당할 때마다 눈물 반 콧물 반 주먹을 쥐면서 책장을 넘길 때 문득 제주도에서 보았던 수국이 떠올랐다. 어쩌면 수국이란 꽃의 속성은 원래 아름다움이 아니라 슬픔이 아닐까. 작품 속 주인공을 수국이라 지었을 때 작가도 제주도 수국을 알고 있었을까.

얼마 전 스승의 날을 하루 앞두고 사무실에 자그마한 화분이 배달되었다. 수국이었다. 이제 막 피기 시작한 청보랏빛 꽃망울을 잎사귀들 사이로 수줍은 듯 삐죽이 내밀고 있었다. 작은 화분 속에서 꽃망울들이 여기저기서 '나 여기 있노라!'고 소리 없는 아우성을 지르듯 했다. 환상적이었다. 흔히 꽃 배달 화분은 정작 꽃보다 요란한 금박리본에 보낸 사람 이름이 큼지막하게 적혀 있건만 그 화분은 달랐다. 리본도 없이 수수한 포장지에 싸여 누런 종이 가방에 담겨 있었다. 누가 보냈을까. 아무리 찾아봐도 이름은 보이지 않고 작은 메모지에 "감사합니다!"라는 말만 댕그라니 적혀 있었다. 수국이라니……. 수많은 꽃 중에서 어떻게 수국을 골랐을까. 누구일까. 순간 떠오르는 한 사람이 있었다. 맞다. 수현이일 거다. 갑자기 가슴이 뜨거워졌다.

수현이를 만난 건 시골에서 처음으로 전주 시내 학교로 옮겼을 때였다. 막연히 도시 아이들은 영어 발음도 좋고 실력도 더 좋으리라는 기대감과 함께 여전히 시간마다 긴장하는 겨우 신규 딱지를 떼어낸 젊은 시절이었다. 그런 나의 속내를 알아차린 듯 슬슬 눈치를 보면서 장난치고 잡담을 하는 아이들이 있었다. 그런가 하면 아예 눈도 안 마주치고 고개를 숙인 아이들도 있었다. 그러나 수현이는 달랐다. 자그마한 키에 맨 앞줄에 앉아서 뚫어져라 나를 쳐다보면서 고개를 끄덕거리고 열심히 따라 읽기도 했다. 유독 눈에 띄었던 수현이는 성적도 좋아서 말 그대로 모범생이었다. 그런 수현이의 눈빛에 안도하면서 자신감을 가지고 점차 새 학교에 적응할 수 있었고 어느덧 해가 바뀌어 우리는 헤어지게 되었다.

수현이를 다시 만난 것은 장학사가 되어 교육청에 근무할 때였다. 당시는 영어가 사교육의 주범이라는 사회 인식 때문에 나는 공교육에서 영어교육을 살려야 하는 막중한 책임을 맡고 있었다. 무엇보다 실력과 열정을 겸비한 영어 선생님이 필요했다. 그때 수현이를 만났다. 중학생 때 헤어져 선생님이 되어 다시 만난 것이다. 여전히 야무지고 예쁜 처녀 선생님이었고 열심히 가르치고 열심히 공부하는 당당한 영어 선생님이었다. 남다르게 더 잘해준 것도 없는데 그래도 제자라고 깍듯이 예의를 지키는 수현이를 보면서 모든 것이 미숙했던 초임 시절의 나 자신을 스승이라 하기에는 쑥스러웠다.

그러나 쑥스러움도 잠시였고 같은 영어 교사의 길을 가고 있는 수현이가 든든했고 자랑스러웠다. 주변에서 종종 수현이를 칭찬하는 소리를 들을 때는 마치 내가 칭찬을 받는 듯 뿌듯했다. 30대가 훌쩍 넘어 늦게까지 결혼을 하지 않아 애를 태우다가 드디어 참한 남자를 만나 결혼한다고 찾아왔을 땐 마치 내 가족 누군가가 결혼하는 양 기뻤다. 수현이와 비슷한 분위기의 신랑에게 왠지 모르게 호감이 갔다. 남들보다 늦게 하는 결혼을 보상이라도 받듯 결혼한 지 얼마 안 되어 아기를 가졌고 부른 배를 내밀고 둘이서 시장도 같이 보러 다니며 알콩달콩 산다는 이야기도 들려왔다.

그런 신랑이 사고로 세상을 떠났다는 비보를 듣기 전 마지막으로 수현이를 본 것은 첫애 출산 후 육아휴직으로 쉬고 있을 때였다. 마침 아는 사람이 아기 옷 가게를 개업해서 갔다가 수현이 생각에 옷 한 벌을 사서 들고 찾아갔었다. 수현이는 젊은 아기 엄마가 되어 무척 행복해 보였다. 그러고 나서 얼마 안 되어 장례식장에서 수현이를 만났다. 거의 초죽음이었다. 뱃속에 연년생으로 둘째가 생겨 불룩한 배를 내밀고 넋이 나간 듯 제대로 서 있지도 못하는 수현이를 보면서 많은 사람이 눈시울을 붉혔다.

그 뒤로 1년이 흘렀다. 그사이 수현이는 유복자로 둘째를 낳아 두 아이의 엄마가 되었다. 다시 학교로 돌아온 수현이에게 내가 해줄 수 있는 말은 강한 엄마와 예쁜 엄마가 되라는 것뿐이었다. 두 아이를 책임져야 하는 각박한 현실이 기다리고 있어 자신보다 아이를 챙기는 강한 엄마가 되어야 하지만, 아직은 너무 젊어서 때로는 아이만큼 자신도 챙길 줄 아는 예쁜 엄마가 되었으면 했다. 수현이를 생각하면 나도 모르게 슬프지만 아름다웠던 《아리랑》의 수국이 생각났고, 아름다웠지만 슬퍼 보이던 제주도의 수국이 생각나 가슴이 아팠다.

그리고 그날 수국 화분을 받았다. 내가 수국을 좋아하는 것을 수현이가 알 리 없건만 수국을 보내온 건 우연일까, 이심전심일까. 오히려 수현이는 잘 이겨내고 있는데 나 혼자 쓸데없는 걱정을 하는 건 아닐까. 그래도 나는 수현이가 혼자가 아니고 자신을 아끼고 사랑하는 사람이 많이 있다는 것을 알았으면 했다. 그래서 예전의 예쁘고 당당한 선생님으로 돌아올 수 있기를 간절히 바랐다. 그날 오후 내내 이런저런 생각에 시간 가는 줄 모르고 수국을 보고 또 보았다.

(2013. 5.)

# 늘봄전常春傳

'늘봄'. 그 선생님은 문자나 편지를 보낼 때 맨 마지막에 '늘봄'이라는 말로 끝을 맺었다. '늘봄'은 여고 시절 국어 시간에 〈화수분〉의 작가 전영택의 호號임을 달달 외웠던 기억이 있어, 아마 그분도 그 소설을 읽고 감명받아서 자신의 호를 '늘봄'이라고 지었나 하고 대수롭지 않게 생각했다. 그러나 그의 이름의 한자 표기가 상춘常春이고, 우리말로 풀어쓰면 '늘봄'임을 알아챈 것은 그분을 만난 지 몇 년이 지난 뒤였다.

짐작건대 그분은 아마 내가 처음부터 '늘봄'이 자신의 이름자를 우리말로 풀어쓴 거라고 알고 있으려니 했을 것이다. 설마 내가 몇 년 동안 '늘봄' 뜻도 모른 채 지냈다는 생각은 미처 못 했을 성싶어, 괜히 혼자서 미안했다. 한편으로는 어지간히 무던했던 나 자신이 우스워서 지금껏 누구에게도 말하지 못했다.

늘봄 선생님을 처음 만난 게 십오륙 년 전이니 오래된 인연이다. 운 좋게도 장학사 임용시험에 합격하여 도교육청에 근무하던 시절이었다. 처음 일선 학교를 방문하여 수업을 참관하고 이야기를 나누는 자리였으니 지금 생각해도 초짜 티를 못 벗어난 어설픈 장학사였을 게다. 마찬가지로 자신보다 손아래로 보이는 젊은 여성 장학사 앞에서 한 시간 내내 자신의 수업을 공개해야 했으니, 그분도 참으로 난감했을 것이다. 순창 어느 고등학교 2학년 영어 수업이었고, 수업을 공개하는 그분도 수업을 참관하는 나도 모두 어색하고 불편한 자리였다.

수업 후, 그분과 마주 앉아 공개했던 수업에 관하여 이러저러한 협의를 해야 했다. 무슨 말을 어떻게 꺼내야 할지 몰라 한동안 침묵이 흘렀다. 아무래도 자신이 연배가 더 높다고 생각한 그분이 먼저 말문을 열었다. 농촌 학교라 아이들의 영어 실력도 많이 뒤처지고, 교사인 자신도 새로운 영어 교수법에 익숙지 못하여 부족한 점이 많다고 하면서 좋은 지도 부탁한다고 점잖게 말씀하셨다. 신참내기 장학사의 어설픈 모습에 대한 따뜻한 배려가 느껴지는 어조였다. 기억은 희미하지만 그분의 수업에 대해서는 한마디도 꺼내지 못하고, 교육부의 새로운 영어교육 정책설명으로 대신했다. 당시는 영어 교사들의 영어로 진행하는 수업 능력이 무엇보다도 우선 요구되어 교육청에서는 영어교사 해외어학연수를 추진하고 있으니 한번 지원해 보라는 이야기를 했던 기억이 난다.

한참 이야기를 나누다 보니, 그분이 영어 교사로서 초심이 있다고 느껴졌다. 이십여 년 동안 교단에 섰으나 한 번도 자신의 수업을 공개해본 적이 없고, 다른 선생님의 수업을 참관한 적도 없으며, 장학사와 마주 앉아 수업에 관한 이야기를 나눠본 적은 더더욱 없다는 것도 알았다. 그리고 그분 역시 해외어학연수를 가고 싶어 했다. 나는 어쩐지 순박한 그분을 해외연수 대상자로 선발해야 한다는 의무감 같은 것이 생겼다.

그해 여름 해외연수 대상자 명단에 난 그분을 끼워 넣었다. 당시 해외어학연수 사업은 처음이어서 열정 있는 영어 교사라면 너 나 없이 신청하여 경쟁이 심하였다. 별수 없이 공인된 토익 점수로 대체하였다. 젊은 선생님들이 절대적으로 유리했지만, 경력 우대 조항을 넣어 토익 점수가 없어도 경력만으로 몇 명을 선발하였다. 지금이라면 공정성을 문제 삼을 수도 있겠지만 당시만 해도 경력 우대라는 사회적 합의에 별 문제 없이 그분은 그해 여름 호주로 6주간 어학연수를 다녀올 수 있었다.

그해 가을, 놀랍게도 그분의 달라진 변화를 보았다. 누구보다도 열정적으로 수업 연구에 노력하였고, 새로운 방식으로 수업을 진행하고, 영어를 포기한 농촌 아이들의 영어 수업에 정성을 쏟아 아이들이 그 선생님을 따르고 존경한다는 이야기가 들려왔다. 그사이 나도 신참 딱지를 뗀 장학사가 되어 많은 선생님들을 만났고 많은 수업을 참관했다. 또 자연스럽게 참관 수업에 관해 선생님들과 이런저런 이야기도 나누는 여유도 생겼다.

그 무렵, 호주 연수 동기들이 모여 동아리를 만들었는데 동아리 이름을 나에게 지어달라는 부탁을 해왔다. 더불어 나를 자문위원으로 위촉하고 동아리 모임 때 종종 참석해달라는 부탁도 해왔다. 아, '일취월장日就月將'이라는 말은 이럴 때 쓰라고 존재하나 싶었다. 너무 자랑스럽고 보람이 있었다. 나는 기꺼이 그 동아리 이름으로 '좋은 영어 수업 연구회'를 제안했다. 그들은 교육청에서 요구하지 않아도 한 번도 어렵다는 수업 공개를 스스로 일 년에 몇 차례씩 하고 수업 참관은 물론 함께 연구하고 토론하는 모범적인 영어 교사 동아리 활동을 했다.

세월이 흘러 나도 교육청을 떠나 고향마을 학교장으로 부임하면서 자연히 그 선생님들과 만나는 기회가 줄어들었고, 관심사도 영어 교육을 떠나 학교장이라는 새로운 자리에서 새 출발을 하게 되었다. 그래도 태생이 영어 선생이라 자연히 농촌 아이들의 영어 수업에 관심이 갔고, 가까이 지켜보노라니 수년 전 만났던 그분의 수업 장면이 문득문득 떠올랐다. 떨리는 목소리로 내 앞에서 교직에서 처음으로 자신의 수업을 공개했던 선생님의 심정이 새삼 이해가 되었다. 아무리 직무라 해도 누군가의 수업을 보고 그 수업에 대해 이러저러한 이야기를 하기는 여전히 편치 않는 일이었다.

어느 날 '늘봄'이라는 아이디를 가진 분이 교육청의 학내망으로

긴 쪽지를 보내왔다. 선뜻 누구인가 기억나지 않았다. 끝까지 읽어 보니 바로 그분이었다. 가까운 학교로 왔으니 언제 한번 찾아오겠다는 내용이었다. 반가웠다. 그리고 '겁 없던 그 시절이 참 좋은 시절이었구나, 떨리는 목소리로 난생처음 누군가의 앞에서 자신의 수업을 공개했던 그분의 순박함이 참 아름다웠구나.'라는 생각에 잠시 눈시울이 뜨거워졌다.

그렇게 또 이삼 년이 흘렀다. 그 학교에서 교장 임기가 끝나갈 무렵, 한 지역의 교육행정을 총괄하는 자리에 공모라는 새로운 도전을 하게 되었다. 나름 철저히 준비해서 도전했으나 보기 좋게 패배의 쓰라림을 맛봐야 했다. 도내 교단에서 알 만한 사람은 다 알게 되었고, 여러 사람의 위로 전화를 받았지만 한번 입은 상처의 늪은 깊고 어두웠다.

바로 그즈음 손편지 한 통을 받았다. 발신인이 없었다. 봉투를 뜯으면서 어떤 직감이 훅 스쳤다. 그랬다. 늘봄이었다. 일부러 '꽃자리'만을 찾아다닐 사람이 아니라고 믿고 있다고, 어느 자리에 있든 내가 있는 자리가 '꽃자리'라고, 화려하지 않은 수수한 '꽃자리'가 어울리는 사람이라고, 그래서 나의 '눈이 부시도록 좋은 시절'은 과거가 아니라 현재진행이라고, '늘봄'이 지켜보겠노라고…. 정말 눈물이 날 정도로 고마웠다. 힘들 때 가족 말고 내 처지를 이해하고 내 편이 되어주는 누군가가 있다는 사실에 가슴이 울컥했다.

이제 얼마 남지 않은 퇴직을 앞두고 지난날을 찬찬히 되돌아보니 참 많은 사람을 만나고 헤어졌다. 누군가는 여전히 내 삶의 일부로 자리 잡고 있어 언제라도 만날 수 있고, 지금은 기억에서 사라지고 이름도 잊힌 누군가도 있다. 소식은 끊겼지만 불쑥 연락해도 반갑게 만날 수 있는 누군가도 있고, 굳이 만나지 않아도 늘 마음속에 아련하게 남아있는 누군가도 있다.

나 혼자만의 생각이겠지만 애써 만나려 하지 않아도 늘 마음속에 남아있는 사람 중의 앞자리에는 늘봄이 있다. 아마 나보다 삼사 년 먼저 이미 퇴직을 하셨을 게고, 여전히 순창 고향마을 어디메쯤에서 잔잔히 흐르는 강물처럼 여유 있는 노년을 보내고 계실 것이다. 그리고 해마다 추운 겨울이 지나고 새봄이 왔다고 법석대지 않아도 가슴에는 늘 봄을 안고 푸르게 살아가실 것이다.

(2020. 7.)

# 아들의 축구화

이제 신입사원 1년 차인 둘째의 축구화가 낯설다. 어릴 적부터 지금까지 28년 동안 녀석의 축구화를 사준 기억이 안 나는 걸 보면 아마도 축구를 좋아하지 않는 건 분명하다. 그래도 아들이 운동을, 특히 축구를 하리라는 생각을 해 본 적이 없는 엄마가 더 이상한지도 모르겠다. 여하튼 말단 신입인지라 사내 축구클럽에 자동 입회인 동시에 매주 한 번씩은 축구를 해야 한다고 한다. 엄마 아빠 앞에서는 제 하기 싫은 일은 절대 들은 척도 안 하던 막둥이가 직장에서는 선배들 앞에서는 죽을힘을 다해 운동장을 뛰어다닌다고 하니 우습기도 하고 대견하기도 했다. 어느새 불쑥 어른이 되어버린 듯해 서운하면서도 험한 세상을 혼자서 헤치고 살아가야 할 것을 생각하니 막연한 걱정이 앞서기도 했다.

지난 브라질 월드컵 때 직장 내 축구클럽에서 한국전 예상 성적 맞추기에서 1등을 해서 30만 원짜리 축구화를 상품으로 받았다고 오랜만에 서울 올라간 엄마에게 자랑한다. 그 엄마는 새벽부터 친구의 아들 결혼식에 가기 위해 전세버스를 얻어 타고 서울에 갔다가 그 아들을 보려고 지하철을 두세 번 갈아타고 간신히 물어물어 찾아갔다. 주말이라 늦잠을 자서일까, 회사 생활이 익숙하지 않아서일까, 훨씬 더 홀쭉하고 후줄근해진 얼굴 보고 '…어디 아픈 데는 없냐? 밥은 잘 챙겨 먹고 다니냐?…' 같은 말 몇 마디 겨우 물어보고 되돌아섰다. 집으로 내려오는 고속버스 안에서 낯선 축구화가 자꾸만 눈앞에 아른거려 눈시울이 붉어졌다. 차창 너머로 어느새 짧아진 초겨울 해가 뉘엿뉘엿 지고 있었다.

집 떠나 홀로 지냈던 대학 때부터 서울이 싫다던 녀석이 사회 첫발을 내딛은 지금까지도 집을 그리워하는 걸 보면 태어나서 한 번도 전주 땅을 떠나본 적 없는 내가 행복한 것인지 혼란스럽다. 부모 곁을 떠나있어도 대학 시절에는 자유로운 영혼으로 주중이든 주말이든 무슨 이유를 대서라도 까딱하면 집으로 내려왔다. 늘 직장 일에 쫓기던 나는 대학생이면 이미 성인인데 시원찮기도 하고 귀찮기도 해서 직장 부근 식당에서 삐쭉 밥 한 그릇 사주고 용돈 몇 푼 쥐어주면서 '사내 녀석이 그리 심약해서 어찌할꼬?' 하는 마음으로 잔소리를 늘어놓곤 했다.

"부모는 활이고 자식은 화살이어서 부모는 화살이 더 멀리 더 높이 날아갈 수 있도록 힘껏 쏘아 올리라." 했던 칼릴 지브란의 말이 이 순간 위로가 안 되는 것은 너무 야윈 그 녀석의 얼굴이 내내 마음에 걸리기 때문이다. 아들과 따뜻한 밥을 같이 먹을 수 있는 삶이 부러운 걸 보면 영락없이 나이 들어가는 별수 없는 전라도 부모 중의 한 사람이 분명하리라.

되돌아보면 둘째는 뱃속에서부터 딸이었으면 했다. 첫애가 아들이다 보니 어쩌면 당연한 바람일 수도 있다. 첫아들 태몽에 머리가 둘 달린 구렁이가 앞마당 모과나무 밑으로 들어가는 꿈이라고 시어르신들은 아들을 연거푸 낳을 거라는 덕담을 주시긴 했지만 설마 했다. 그래도 산고의 아픔은 잠시였고 막상 아들로 우리에게 와줘서 얼마나 고맙던지 '자식은 내리사랑'이라는 옛말이 딱 맞는 듯했다.

예로부터 맏이는 부모가 처음으로 얻은 자식이라 사랑을 독차지하면서 온순하고 넉넉하며 책임감이 강하다면 둘째는 고집이 세고 욕심이 많아서 부모의 관심을 끌려고 부단한 노력을 한다고 한다. 우리도 예외가 아니어서 두 형제가 완전히 서로 다른 성격이라 늘 토닥거리며 놀다 싸우기를 반복했다. 하지만 '제 눈에 안경'이라고 어려서부터 영특함을 보여주었던 둘째는 자기주장이 강해 늘 우리의 생각과 바람을 벗어나 자유분방했다.

대개 남자아이들은 책 읽기를 그다지 좋아하지 않으련만 첫째는 아무리 권해도 책읽기를 싫어했다면 둘째는 제법 책을 많이 읽었다.

지금도 뚜렷이 기억나는 건 그녀석이 고등학교에 다닐 때 《호밀밭의 파수꾼》을 읽고 쓴 독후감이다. '위선자들로 둘러싸인 학교에 환멸을 느껴 가출하여 대도시로 탈출했으나 그곳 역시 위선자들이 많아 다시 집으로 돌아온 주인공이 여동생의 순수한 모습에 감동받아 자신도 위선이 아닌 순수함을 간직하며 이 세상을 지키는 파수꾼이 되겠노라'는 내용의 성장소설이었다. 늘 어리다고만 생각했던 둘째가 단순한 줄거리 요약이 아니고 '어릴 적 순수함을 간직하고 넓은 세상으로 나가 자유롭게 살고 싶다'는 내용으로 자기 생각을 쓴 대목이 있어 제법이다 싶었다.

그러나 정작 둘째의 고교 시절은 마냥 행복하진 않았다. 친구와의 언쟁이 병원 입원으로 이어졌고, 다시 이름 모를 열병이 되어 중요한 고2의 여름 몇 달을 병원에서 지내면서 본인은 물론 지켜보는 부모의 애간장을 타게 했다. 그래도 어려움을 잘 참고 이겨내준 둘째가 아슴찮았다. 그 후 고3의 힘든 시기를 잘 이겨내고 대학생이 되었고, 힘들다는 군대 생활도 무사히 마치면서 어렵다는 취업의 문도 대학 졸업 전에 뚫었다.

돌이켜보면 누구보다도 격렬한 질풍노도의 시기를 보냈고, 그로 인해 힘든 시간을 보낸 둘째지만 흔들리지 않고 피는 꽃은 없고, 대추 한 알도 저절로 붉어질 리 없다 하지 않았던가. 이 세상 아주 예쁘고 고귀한 꽃도 흔들리면서 줄기 세우고 바람과 비에 젖으면서 피어났듯이, 작고 볼품없는 대추 한 알도 수많은 태풍과 천둥과 벼락을 몰아치면서 붉어지듯이, 둘째의 가슴 속에 남아있는 성장통이 살아가면서 큰 도전과 응전의 든든한 자산이 되리라는 믿음에는 변함이 없다.

어느새 차창 밖은 어둠이 내리고 가까이서 멀리서 깜깜한 산속의 홀로 작은 불빛부터 다닥다닥 붙어있는 아파트 단지의 수많은 불빛까지 순간순간 빠르게 스치고 지나간다. 잠깐잠깐 보였다 사라지기를 반복하면서 무심한 시간이 흘러가고 있었다. 아스라이 먼 하늘에 보일 듯 말 듯 반짝거리는 별에서도 생명체가 살고 있다면 우리 같은 그렇고 그런 살아가는 이야기들이 있지 않을까. 그 별에서도 아들의 축구화를 보면서 아련한 옛 생각을 떠올리는 엄마가 있지 않을까. 아직도 전주는 한참을 달려야 한다. 멀고 먼 서울과 전주 길이다.

(2013. 12.)

# 3.

# 내 영혼을 위한 시간

초원의 빛 | 만추서정晩秋抒情 | 꺼꾸리 | 자전거 완전정복
꽃자리 | 내 영혼을 위한 시간 | 인연 | 사미인곡四美人曲
'놈' 이야기 | 사랑초 | 부사관은 엄마라구요

# 초원의 빛

《초원의 빛》, L 선생님이 스마트폰으로 한 장의 그림을 보내줬을 때 문득 떠오른 영화였다. 챙이 넓은 하얀 모자 때문일까, 그림을 그려준 L의 순수함 때문일까. 그것도 아니면 그림같이 살아가는 L 부부의 아름다운 사랑 때문일까. 여고 시절, 가슴 먹먹하게 보았던 영화 《초원의 빛》은 부잣집 아들로 여학생들의 인기를 독차지하고 있는 남학생과 가난한 집 딸로 아름답고 착한 여학생의 사랑 이야기였다. L의 그림은 그 옛날 보았던 영화의 마지막 장면을 떠올리게 했다.

지독한 첫사랑의 열병으로 정신병원에 입원한 나탈리우드가 퇴원하여 순백의 드레스에 챙이 넓은 하얀 모자를 쓰고 첫사랑을 찾아간다. 그녀 앞에 나타난 남자는 이미 결혼해서 아이를 낳은 한 집안의 가장으로 푸른 초원에서 소를 키우는 농부가 되어 있었다. 여자가 행복하냐고 묻자 남자는 '자기는 스스로에게 행복하냐'는 질문은 하지 않는다고 대답한다. 병원에서 만난 남자와 곧 결혼할 거라는 여자에게 "네게 다가오는 행복을 잡아!"라고 담담히 말하는 남자를 떠나오면서 여자는 나지막이 소리 내어 읊조린다. 고교 동창이었던 그들이 같이 배웠던 윌리엄 워즈워스의 시 한 구절이 클로즈업되면서 영화는 끝난다.

"…… 초원의 빛이여/ 꽃의 영광이여/ 다시는 돌아갈 수 없다 해도 서러워 말지어다/ 차라리 그 속 깊이 간직한 오묘한 세월들을 찾으소서……"

미술 교사인 L은 학습연구년을 보내고 있다. 일 년 동안 교단을 떠나 전공인 그림을 그리고 전시회를 열어야 하는 과제를 수행 중이라 했다. 전시회 주제를 고민하다가 지금까지 살아오면서 그냥 같이 있으면 기분 좋은 사람 100명의 인물 드로잉 전을 열기로 했단다. 그가 보내온 그림은 내 폰에 올라온 사진을 보고 드로잉한 것으로, 사진 속의 나는 우연히도 챙이 넓은 모자를 쓰고 마당의 잔디밭에 앉아 있었는데 얼핏 푸른 초원처럼 보였다.

지금도 비슷하지만 1980년대는 사대를 졸업하고 첫 발령은 대부분 두메 산골학교나 바닷가 작은 학교로 났다. 당연히 통근이 안 되어서 학교 앞에 셋방을 얻어 옹기종기 모여 살았다. 발령받아 한두 해가 지나면 너 나 없이 조금이라도 집 가까운 학교로 이동해가고, 해마다 그 빈자리는 다시 신규교사로 채워지곤 했다. 자연히 시골 학교는 처녀 · 총각 선생님들이 넘쳐났고 학교마다 '처총회'가 성황을 이루었다.

'처총회'의 입회 자격은 오로지 처녀 선생님과 총각 선생님이었다. 처총회 회장은 주말이나 수업이 일찍 끝나는 날은 어김없이 교장, 교감 몰래 처녀 · 총각 선생님들의 은밀한 만남을 주선했다. 유능한 회장일수록 모임을 자주 만들어 청춘 남녀 선생님들이 짝 찾을 기회를 만들어 줘야 했다. 처총회 내에서 스스로 알아서 서로 짝을 찾기도 하지만 잘 안 이루어지면 이웃 학교까지 무대를 넓혀 한 명씩 일대일로 맞교환을 하기도 했다. 그래서 당시 시골 학교는 해마다 부부 교사가 생겨났고, 시골 학교 교장들은 방학만 되면 주례 서기 바쁘다는 우스개를 늘어놓기도 했다.

L 부부 역시 같은 학교 처총회 출신이었다. 미술과 총각 선생님과 영어과 처녀 선생님이 초임 시절, 남원 어느 산골 작은 학교에서 만나 사랑에 빠졌다고 했다. 키 크고 선해 보이며 깨알 같은 유머와 손재주가 뛰어난 총각 선생님이 착하고 너그러우며 영리했던 처녀 선생님에게 첫눈에 반해 무작정 들이밀었다고 했다. 마치 목련이나 개나리가 잎이 나오기도 전에 꽃송이를 먼저 내미는 것처럼 총각 선생님은 교내 환경정리 심사가 있을 때면 남몰래 처녀 선생님의 학급에 못질도 해주고 그림도 그려주면서 처녀의 가슴에 총각의 봄

꽃 순정을 못 박았다고 했다. 서로의 마음을 알게 되면서 주말이면 지리산 바래봉에 흐드러지게 핀 철쭉을 보러 가기도 하고, 벚꽃이 만개한 화개장터를 돌아 흐르는 섬진강 푸른 물에 여울진 달빛을 보면서 몰래 데이트를 즐겼다고 했다. 〈초원의 빛〉 같은 풋풋한 첫사랑은 영화 속에만 있는 것은 아니었나 보았다.

내가 L 부부를 처음 알게 된 것은 그들이 신혼을 거쳐 아들과 딸을 하나씩 낳아 초등학생이었고, 둘 다 경력이 쌓이면서 막 물오른 열정과 실력을 겸비한 10년 차 베테랑 교사 시절이었다. 당시 나는 영어과 장학사로서 실력있는 젊은 선생님들이 필요했고, 후배 영어 교사였던 H는 든든한 동반자였다. H가 바로 L의 부인이었다. 영어 축제를 개최하면서 안내장, 현수막 등 축제 물품 준비에 L의 도움이 절대적이었다. 미안하고 고마워서 'L은 부전공이 영어'라고 너스레를 떨곤 했다. L은 미술 수업을 영어로 진행하는 용기와 실력을 과시하기도 했다. 물론 그 수업을 위해 H는 밤낮으로 영어로 미술과 지도안을 작성하고 L의 영어를 연습시켰다는 소문이 들리기도 했다. 여하튼 L 부부는 교직 동료이자 인생의 선후배로서 끈끈한 인연으로 지내 온 것이다.

부부는 서로 닮아간다고 했던가. 취향도 분위기도 서로 비슷했던 그들은 언제나 그림자처럼 붙어 다녀 금슬좋은 부부 교사로 소문이 났다. 엄마 아빠를 닮아서인지 유독 영어와 미술만 좋아한다는 아들딸과 알콩달콩 살아가는 그들 부부가 부럽기도 했다. 3년 전, 영어를 잘하는 H가 해외 연수생으로 선발되어 전 가족이 뉴질랜드에서 1년간 지낸 적이 있었다. 마누라와 아들딸은 영어 공부를 하러 학교에 가고 L은 혼자 남아 낯선 이국 풍경을 그리고 또 그렸다고 했다. 귀국 후 그 작품을 모아 전시도 하고, 그리스 아테네 국립미술관에 초대되어 개인전을 열기도 했다. 더구나 고3 딸이 타고난 미술적 재질에 영어 성적이 뛰어나 내로라하는 미술대학에 장학생으로 합격하는 겹경사가 났다고 했다. 그야말로 인생 최고의 순간을 보내는 L 부부에게 축하의 큰 박수를 보내지 않을 수 없었다.

그림 속의 나를 물끄러미 쳐다본다. 가까이 보면 내가 아닌 것 같은데 조금 떨어져서 보면 나인 듯도 싶다. 하얀 모자를 쓰고 첫사랑 남자를 찾아가는 나탈리우드 얼굴과 먹먹해진 가슴으로 숨죽이며 영화를 보던 갈래머리 여고생의 얼굴이 겹쳐진다. 그 위에 지리산 푸른 산자락에서 사랑을 속삭이던 L 부부의 젊은 날의 모습도 겹쳐진다. 다시는 돌아갈 수 없는 시절이다. 서러워하지도 말아야 한다. 워즈워스는 지나온 세월의 뒤편에 그저 깊이 묻어두라 하지 않았던가. 그날 미리 보는 그림 하나가 한동안 잊고 지내던 초원의 빛이 되어 눈비 내리고 추운 겨울밤이 훈훈해졌다.

(2014. 1.)

# 만추서정晩秋抒情

가을의 끝자락, 늦가을이다. 만추晩秋다. 늦가을보다는 만추가 더 이별이라는 말과 잘 어울린다. 익숙한 영화 제목 탓일까. 낙엽이 뒹구는 벤치에 앉아 흐느끼는 여인과 코트 깃을 세우고 멀어져 가는 남자. 이별을 숙명으로 받아들이는 중년 남녀의 이야기가 그려진다. 속물스러워도 '만추' 하면 제일 먼저 연상되는 장면이다. 늦가을의 이별이 어찌 사람뿐이랴.

도심의 가을은 어쩌면 가로수에서 시작되는지도 모른다. 긴 여름을 지나오면서 무성한 푸르름을 자랑하던 나뭇잎들이 어느새 노랗고 붉게 물들어 꽃보다 아름다운 단풍을 자랑한다. 그러나 가을이 깊어지면 단풍도 나무와 이별을 한다. 점점 추워지는 바람에 곱게 물들었던 나뭇잎도 하나둘 떨어져 낙엽이 되고 만다. 겨울을 재촉하는 비라도 내리면 몇 개 남지 않은 잎마저 떨어져 앙상한 가지만 남는다. 낙엽은 거리에 수북이 쌓이고 바람 부는 대로 이리저리 사람들의 발자국에 차이고 밟혀 장렬히 일생을 마친다.

산속의 가을은 일찍 찾아온다. 봄이면 앞다투어 꽃을 피워내던 나무들이 가을이 되면 마치 두더지 게임이라도 하듯 온 산의 여기저기서 고개를 내밀며 단풍을 자랑한다. 벚나무는 이미 여름부터 잎이 마르고 가을이 되면 언제 단풍이 들었나 싶을 정도로 이내 떨어지고 만다. 꽃이 아름다우면 단풍이 치인다. 밤나무도 그렇다. 희지도 노랗지도 않은 은은한 빛깔의 밤꽃은 꽃보다 향기가 더 강하지만 가을엔 일찍부터 바스라져 맥없이 잎이 떨어져 버린다. 하얀 아기별같이 작고 앙증맞은 꽃이 피는 때죽나무 역시 꽃보다 못한 단풍이 소리 없이 물들었다가 무정하게 떨어져 버린다.

그러고 보니 단풍이 아름다운 나무들은 반대로 꽃은 별로다. 단풍나무 꽃을 본 적이 있는가. 은행나무 꽃이나 느티나무 꽃을 아는가. 이런 나무들도 꽃이 핀다는 것을 대부분 사람들은 잘 모른다. 적단풍은 빨간 꽃이, 청단풍은 초록 꽃이 피어 잘 눈에 띄지 않는다. 청단풍도 간혹 빨간 꽃이 피기도 하지만 아주 작아서 잘 보이지 않는다. 은행나무는 초록 잎이 무성할 때 정말 꽃인가 나뭇가지인가 구분이 안 될 정도로 초록 뭉텅이로 꽃송이를 내민다. 곰곰 생각해 보면 모든 식물은 마땅히 꽃이 피고 마땅히 단풍도 들련만 어찌하여 인간은 어떤 것은 꽃으로만 어떤 것은 단풍으로만 생각하고 기억할까.

가을 산을 걷다 보면 간혹 뒤늦게 단풍이 든 나무를 본다. 주변의 나무들은 잎들이 다 떨어져 앙상한 가지만 남았는데 홀로 고운 단풍을 자랑한다. 마치 못다 핀 젊음을 마지막 발산하는 듯하다. 애처로워 보이기도 하지만 그래도 단풍으로 곱게 물들어 보지도 못하고 말라 떨어지는 나무들보다는 처지가 나아 보인다. 때맞춰 혼자보다 무리 지어 함께 물들고 함께 떨어지는 단풍이 아름다울까. 아니면 남들은 다 낙엽이 되어 거리를 뒹굴 때 홀로 늦게 물들고 늦게 떨어지는 단풍이 아름다울까.

교육학에 '발달과업'이라는 말이 있다. 한 인간으로 태어나 죽을 때까지 연령에 따른 단계별로 그 시기에 꼭 해내야 하는 과업을 뜻한다. 걸음마를 해야 할 때, 말을 배워야 할 때, 공부를 해야 할 때, 결혼을 해야 할 때가 있듯이 인간사 모든 일은 하나하나가 해야 할 때가 있다는 말이다. 학업, 취업, 결혼, 출산, 자녀 양육 등등 생애주기에 따른 과업을 해내지 못하면 정상적인 인간으로서의 역할과 정체성에 혼란이 올 수도 있다.

그러나 요즘에는 발달과업이라는 이론이 무색할 만한 일들이 자주 일어난다. 사회적으로 결손가정이 늘어나면서 부모님의 보살핌을 마땅히 받아야 하는 아이들이 원치 않게 힘든 청소년 시기를 보내기도 한다. 대학을 나오고도 취업을 제대로 못해 사회적으로, 경제적으로 독립을 하지 못한 청년들도 수두룩하다. 청년실업은 결혼이라는 발달과업에 영향을 미쳐 가정을 이루지 못하는 경우가 허다하고, 자연히 저출산이라는 사회 문제로 직결되기도 한다.

최근 '취준생'이라는 말이 생겨났다고 한다. 취준생은 대학 졸업 또는 졸업예정자로 취업을 준비하는 학생을 뜻한다. 둘째 아들 덕분에 올가을에야 그런 말이 있다는 것을 알게 되었다. 재수, 삼수는 대입에만 있는 줄 알았더니 취업에도 재수, 삼수는 물론이고 사오년, 심지어 그 이상도 수두룩하다고 하니 취업이 얼마나 심각한지 상상을 초월한다. 자연히 취준생이 사회에 넘쳐난다. 국립 사범대학을 다니면 졸업과 동시에 별다른 과정 없이 바로 자격증과 동시에 발령이 나던 시절인지라 취업 걱정은 커녕 취업 준비조차도 해본 적이 없는 나로서는 할 말을 잃고 만다.

특히 올해는 더 심하다고 한다. 기업 공채의 경우, 이공계열을 제외한 모든 분야에 서류와 면접 등 네 단계를 거쳐 최종 합격자 수는 100명당 3.5명이라 하니 가히 '하늘의 별 따기'이다. 더구나 모든 기업이 거의 동시에 공채하기 때문에 시즌이 되면 수십 군데 원서를 내야 하는 취준생들은 죽을 지경이다. 제대로 잠도 못 자고, 제대로 밥도 못 먹고, 불안과 긴장에서 오는 스트레스 때문에 커피와 담배를 입에 달고 사니 피 끓는 청춘이라고 부러워했던 예전의 젊은이 모습은 찾아보기 힘들다.

젊음의 특권이라는 패기와 열정을 제때 펴보지 못하고 기회조차 주어지지 않는 현실에 좌절하는 그들이 안타깝다. 마치 제대로 단풍이 들기도 전에 초가을부터 말라비틀어져 떨어지는 벚나무 잎사귀 같다. 그래도 벚나무는 봄날의 아름다운 꽃으로 보상받았다 할 수도 있다. 그런가 하면 다른 나무들은 이미 낙엽이 되어 앙상한 가지만 남았는데 뒤늦게 단풍이 들어 홀로 아름다움을 발산하는 나무들처럼, 이 땅의 취준생들이 늦더라도 제 역할을 할 수 있는 기회가 주어진다면 얼마나 좋을까.

그래서인가. 올가을에는 '만추'라는 말에 이별 장면이 선뜻 떠오르지 않는다. 이래저래 마음이 편치 않기 때문이다. 오히려 마지막 하나 남은 잎새를 바라보면서 생의 희망을 끝까지 놓지 않았던 《마지막 잎새》의 존시가 생각난다. 존시를 살려낸 잎새를 담벼락에 그려준 이웃집 노인처럼 취준생들에게 그 잎새를 그려주고 싶다. 아아. 늦게라도 좋으니, 아니 애처로워 보여도 좋으니, 늦가을 나무들이 제발 마지막 아름다운 단풍의 모습을 보여주면 좋겠다.

(2013. 11.)

# 꺼꾸리

마침내 꺼꾸리를 샀다. 꺼꾸리는 헬스클럽이나 체육공원에서 쉽게 볼 수 있는 운동기구 이름이다. 꺼꾸리에서 물구나무를 서면 척추 교정, 근육 강화는 물론 혈액 순환에 좋다고 한다. 꺼꾸리는 '거꾸로'에서 나온 말로 '거꾸리' 라고도 부르는데, 이보다 된소리인 꺼꾸리가 더 친근감이 있고 부르기도 쉽다.

그때까지 나에게 꺼꾸리는 여고 시절 보았던 〈꺼꾸리와 장다리〉라는 영화에서 꺼꾸리는 키 작은 땅딸이 꼬마로, 장다리는 심약한 키다리로 나오는 주인공 이름으로 기억되었다. 그들은 악명 높은 생활지도 주임인 고바우 선생을 골탕 먹이다가 우연히 알게 된 선생님의 딸 여고생에게 정신을 뺏겨 선생님의 인정을 받으려 좌충우돌하는 하이틴 코믹영화였다.

영화 속 꺼꾸리가 운동기구 꺼꾸리로 나에게 다가온 것은 몇 해 전 겨울이었다. 허리가 조금씩 안 좋더니 디스크가 심해져 협착증이 생겼다. 다행히 아직 수술단계는 아니어서 운동으로 고쳐보자는 의사의 처방이었다. 운동은 걷기와 스트레칭이었는데, 특히 꺼꾸리를 권장하였다. 덧붙인 한마디는 노화에서 오는 것이니 완치는 힘들고 더 나빠지지 않으면 다행이라고 했다. 의사는 무심하게 툭 던진 말이었지만 나에게는 충격이었다. '아니 벌써?'라는 놀라움과 '아직은 아닌데!' 하는 아쉬움이 교차되었다. 노화老化라는 말도 받아들이기 힘들었지만 아무리 걷고 또 걸어도, 밤낮으로 스트레칭을 해도 점점 더 심해지는 통증에 결국 두 손을 들고 말았다.

꺼꾸리가 도착한 날은 유난히 찜통더위였다. 문과文科 출신 남편은 박스에서 육중한 쇠막대와 크고 작은 나사와 볼트, 너트가 하나씩 나올 때마다 떨떠름한 표정을 지었다. 한눈에 보아도 조립이 쉽지 않아 보였다. 그래도 아픈 마누라를 위해서 윗옷까지 벗어부치고 나사를 조였다 풀기를 반복했다. 설명서대로 따라 해도 완제품의 꺼꾸리 모습은 쉽게 나타나지 않았다. 희끗희끗한 머리카락 사이로 흘러내리는 땀을 연신 닦아내는 초로의 남편을 바라보고 있노라니 알 수 없는 서글픔과 함께 지금까지 운동을 게을리했던 나 자신이 한심스러웠다. 꺼꾸리를 열심히 해서 더는 고생하지 말고 건강을 되찾아

가족의 행복을 지켜야겠다고 다짐했다.

한참 후에 드디어 꺼꾸리가 완성되었다. 한번 올라가 보라는 남편이 고맙기도 하고 미안하기도 해서 제대로 조립이 되었나 검사해 보겠다고 너스레를 떨면서 꺼꾸리에 올라갔다. 두 발을 고정한 채 받침대를 뒤로 젖히자 다리가 위로 올라가고 팔이 아래로 툭 처지면서 덜커덕하는 소리와 함께 거꾸로 물구나무를 서게 되었다. 처음에는 머리로 모든 피가 몰려서 얼굴이 붉어지고 호흡이 곤란해지는 듯했다. 조금 지나니까 편안해지면서 천장이 보이고 거실의 TV도 보이기 시작했다. 그런데 화면이 뒤집혀서인지 제대로 내용을 따라가기가 힘들었다. 사람 얼굴도, 마당에 서 있는 나무도, 멀리 보이는 산도 모두 거꾸로 보였다. 거꾸로 세상이 된 것이다.

종종 소설을 읽을 때 첫 장부터 차례차례 읽어가다 결말이 궁금해서 뒷부분 먼저 읽을 때가 있다. 전공 도서나 연구보고서는 첫 부분에 개론이나 사업의 배경 또는 목적 등이 나온다. 인간의 집중력은 대략 30분 내외여서 이런 책의 서론을 읽다 보면 정작 본론에 들어가기 전에 미리 지치기 마련이다. 어려운 내용일수록 더 그렇다. 그러다 보면 중간에 책을 덮게 된다. 다시 그 책을 읽으려면 전에 읽었던 내용을 기억할 수 없어서 처음부터 다시 읽어야 한다. 그래서 중도 포기했던 적이 한두 번이 아니었다. 정 다급하면 내용 파악을 위해 결론부터 읽을 때도 있다. 이상하게도 결론을 미리 읽고서 다시 서론부터 읽으면 본론에 대한 이해가 빨랐다. "모로 가도 서울만 가면 된다."는 속담도 있듯이 이 또한 역발상이 아닌가.

나에게 역발상의 진수는 최명희의 《혼불》 중 한 대목이다. 어쩌면 역발상을 뛰어넘어 역지사지易地思之의 최고봉일지도 모른다. 바로 '어둠이 결코 빛보다 어둡지 않다.'라는 대목이다. 어둠이 빛보다 어둡지 않다니…. 몇 번을 곱씹어 읽어도 작가의 의도가 잡힐 듯 말 듯 어려웠다. 작가는 나 같은 어설픈 독자를 위하여 이렇게 덧붙여 놓았다. "…저 둥치가 뿌리라면 거꾸로 뿌리는 나뭇가지일 것이다.…지하의 뿌리는 꽃 피고 새 운다는 지상이 오히려 흙속일 것이요. 거기 우람하게 서 있는 나무의 무성한 가지는 거꾸로 뿌리라 여겨질 것이다. 그래서 뿌리는 어둠이 휘황하고 햇빛은 캄캄할 것이다.…" 당시 이 대목을 읽었을 때 순간 숨이 멎는 듯했다.

'뿌리가 가지이고 가지가 바로 뿌리이다.'라는 단순명료한 그 한 마디는 어쩌면 작가가 우리에게 말하고자 했던 심오한 가치가 아닌가 싶다. 정말 그 대목을 읽기 전까지는 단 한 번도 나무의 가지와 뿌리의 입장에 대해 그렇게 바꾸어 생각해 본 적이 없었다. '역지사지'라는 말의 깊은 뜻을 이렇게 깨달은 적도 없었다. '아아, 그래서 어둠이 결코 빛보다 어둡지 않구나.'

우리는 흔히 자신의 처지에서 생각하고 자신의 경험에 비추어서 판단하고 행동하기 때문에 의도치 않게 상대방에게 상처를 줄 수 있다. 서로의 이해관계가 엇갈릴 때는 더 많은 갈등을 낳기도 한다. 누군가가 남보다 빨리 출세하고 많은 부를 이루었다면 그는 보이지 않는 누군가의 희생과 상처를 딛고 서 있다는 것을 간과해서는 안 된다. 나 역시 마찬가지다. 오늘날의 나는 가정이나, 직장, 사회에서 나도 모르는 사이에 누군가에게 상처를 주고 누군가의 희생 위에 존재하고 있을 것이다. 그렇다면 우리는 매 순간 하는 일마다 자신뿐 아니라 상대방의 처지도 헤아려보는 '역지사지'를 생각해야 하지 않을까.

그날 꺼꾸리에 매달려 있으면서 힘들지도 지루하지도 않았다. 오히려 시간이 지날수록 차분해지고 담담해졌다. 의사의 권고도 있지만 이제는 나 스스로 틈나는 대로 꺼꾸리에 매달려 거꾸로 세상을 바라보고 거꾸로 생각해보면서 살아야겠다. 그해 무더운 여름이 꺼꾸리에 매달려 대롱대롱 지나가고 있었다.

(2013. 8.)

# 자전거 완전정복

새봄과 함께 새로운 시작의 하나는 자전거 배우기였다. 자전거를 타고 살랑거리는 봄바람을 가르며 노란 창포가 피어 있는 천변을 달리는 것은 해마다 봄이 되면 꼭 해보고 싶은 오래된 꿈 중의 하나였다. 이어폰을 끼고 음악을 들으면서 스카프 자락을 휘날린다면 멋질 것이고, 페달을 구르다 신이 나면 엉덩이를 곧추세우고 요리조리 핸들을 흔들면서 빠빵~ 하고 경적을 울린다면 황홀할 것이다. 이쯤 되면 여고 시절 보았던 하이틴 영화의 한 장면일 수 있다. 유치할 수도, 시시해 보일 수도 있지만 긴 세월 동안 내 안에 잠재되어 있는 나 자신도 모르는 버킷리스트였다.

갑자기 웬 자전거 타령이냐고 심드렁하는 남편을 졸라 지난 주말 읍내로 자전거를 사러 갔다. 좁은 가게 안에는 세발자전거부터 산악용 자전거까지 각양각색의 자전거가 빼곡히 있었다. 누가 탈 거냐고 물어보는 주인에게 내가 탈 거라고 했다. 내 대답 소리가 컸나 나를 힐끗 한번 보더니 시장바구니가 달린 자전거를 꺼내왔다. “시장이 아니고 하이킹을 갈 거예요.”라고 했더니 주인은 기어가 장착되어 있어서 하이킹도 충분히 갈 수 있다고 했다. “그래도 시장바구니는 아닌 것 같은데요?”라고 되묻는 나에게 “바구니가 있으면 도시락도 담고 좋잖아요.” 한다. 맞다. 도시락이 빠져 있었다. 책도 담아가면 더 좋겠지? 시원한 나무 그늘 아래서 도시락도 먹고 누워서 책도 읽고 푸른 하늘도 볼 수 있을 것이다. 오래된 꿈에 멋진 그림 하나가 더 그려졌다.

연둣빛 안장, 노란 병아리와 하트 모양의 꽃잎이 점점이 박힌 핸들, 반짝이는 은빛 바퀴, 하얀 바구니가 달린 자전거는 금방이라도 봄나들이를 나가야 할 듯 날렵하고 산뜻했다. 주인은 안장키를 맞추어주겠다고 바퀴를 굴려 보라고 했다. 난생처음 앉아보는 안장이었다. 비틀거리면서 겨우 앉아 페달을 밟았는데 자꾸 바퀴가 헛돌았다. 무안해 하는 나를 주인은 쳐다보지도 않으면서 “중심을 잡고 세게 굴려요.”라고 했다. 이번에는 한쪽 발은 굴려지는데 다른 발이 헛돌았다. 갑자기 머쓱해졌다. “집에 가서 천천히 제자리에서 바퀴 돌리는 연습부터 하세요.”

바로 그때였다. 초등학교 3학년쯤 되어 보이는 꼬마가 쓩~ 하고 자전거를 타고 오더니 우리 코앞에서 급하게 멈췄다. 타이어에 바람이 빠졌다고 넣어 달란다. 바쁘니까 조금 있다 다시 오라는 주인에게 꼬마는 두말없이 "넵." 하고서 휭~하니 쏜살같이 사라졌다. '야, 제법인데!' 하고 멀어져가는 꼬마를 보다가 나는 남편과 눈이 딱 마주쳤다. 남편은 아무 말 없이 피식 웃으면서 고개를 돌렸다.

자전거를 싣고 집으로 돌아오는 길에 과연 내가 자전거를 잘 탈 수 있을지 불안해졌다. 문득 몇 년 전 자동차 운전면허를 따던 기억이 떠올랐다. 운전학원에 등록하고 필기시험 볼 때까지는 기세등등했다. 직선, S자, T자 주행 교습을 차례로 받으면서 조금씩 겁도 나고 점차 걱정되더니 면허시험장에서 기어코 사달이 나고 말았다. 오르막 코스에서 시동이 꺼져버린 것이다. 오도가도 못 하고 한참을 차 속에서 머뭇거리고 있을 때 장내 방송이 흘러나왔다. "○○번 수험생, 어서 차에서 내리세요." 아아. 그때의 낭패감이란…. 창피하고 속상한 건 제쳐두고 넓은 세상에 혼자 버려진 느낌이었다. 시험관인 경찰이 와서 강제로 차에서 끌어내렸고 나는 별수 없이 시험장 트랙을 터덜터덜 걸어 나와야만 했다.

그렇게 바라던 자전거를 사던 날, 하필이면 그때 그 기억이 떠올랐는지 모르겠다. 이런 나의 마음을 아는지 모르는지 남편은 집 마당에 자전거를 세워놓고 자전거를 탈 때는 이래저래 해야 한다고 주의를 주었다. 나도 어느새 불안감은 사라지고 어서 빨리 타고 싶었다. 남편을 앞세우고 집 근처의 농구장으로 갔다. 마침 휴일이어서 농구장은 비어 있었고, 우레탄까지 깔려 있어 자전거 배우기에 안성맞춤이었다. 모든 조건은 다 갖추어졌다. 남편은 마치 전담 코치라도 된 듯 자못 진지하게 타는 법을 단계별로 설명했다.

맨 먼저 제자리에서 바퀴 굴리기를 연습했다. 아까 가게에서는 헛바퀴였지만 천천히 해보니 쉽게 할 수 있었다. 다음은 한쪽 발은 땅에 딛고 한쪽 발로 바퀴 굴리기였다. 조금은 뒤뚱거렸지만 그런대로 할 수 있었다. 이번엔 한발로 구르다가 나머지 한 발을 바퀴에 올려놓기였다. 문제는 바로 그 단계였다. 두 발을 바퀴에 올려놓은 순간 금방이라도 꼬꾸라질 것 같았다. 남편은 뒤에서 잡고 있으니까 걱정 말고 페달을 굴리라고 했다. 그래도 나는 겨우 2~3미터를 못가 넘어지고 말았다. 아무리 잘해 보려 해도 자전거는 앞으로 굴러가지 않았고 맥없이 넘어졌다.

정말 자전거 배우기는 쉽지 않았다. 뒤에서 잡아주며 농구장을 몇 바퀴 돌더니 남편은 힘이 빠지는지 한쪽에 나앉고 말았다. 아까 가게에서 그렇게 작은 꼬마도 잘만 타던데 왜 그렇게 못하느냐고 핀잔을 주는 남편이 야속하기도 했지만 한편으로는 미안하기도 했다. 나 자신에게도 화가 났다. 남편은 집으로 자전거를 끌고 가는 것도 배워야 한다면서 무정하게 혼자 가버렸다. 힘도 빠지고 자존심도 상했지만 하는 수 없이 혼자서 자전거를 끌고 와야만 했다. 첫날 수업은 그렇게 해서 끝났다.

그로부터 한 주가 지나 다시 주말이 되었다. 남편에게 한 번 더 코치를 부탁했건만 스스로 터득하든지 아니면 나의 운동신경으로는 무리이니 포기하는 편이 낫겠다고 한다. 지난번에 너무 힘들었나 하고 이해가 되면서도 오기가 생겼다. 보란 듯이 오늘은 혼자 배워 돌아오겠노라고 큰소리쳤다. 하지만 두 번째 날도 잘되지 않았다. 농구장을 돌고 또 돌면서 연습했지만 마찬가지였다. 한 가지 위안이라면 비록 몇 미터이긴 하지만 첫날보다는 덜 비틀거린다는 점이었다. 집으로 끌고 돌아오는 자전거가 천근같이 무거웠다.

또 한 주가 지나 세 번째 주말이 되었다. 정말 이번 주는 끝내야 할 텐데, 자나 깨나 자전거 생각뿐이었다. 어느새 자전거는 오래된 황홀한 꿈에서 점점 스트레스로 변해가고 있었다. 다행히 주말 내내 봄비가 내렸다. 뉴스에서는 봄 가뭄으로 여기저기서 산불이 나던 차에 단비라고 했다. 적어도 이번 주는 자전거 배우기를 끝내지 못해도 된다는 핑계가 생긴 것이다. 나는 안도의 한숨을 쉬었다.

그러나 안도의 한숨은 그리 오래가지 못했다. 이렇게 핑계를 찾고 있는 한 나에게 자전거 완전정복의 길은 멀고도 험한 것임을 알고 있기 때문이다. 궁극적으로는 나 스스로가 몸으로 마음으로 체득해야 한다는 것도, 지금 당장은 아니더라도 언젠가는 탈 수 있으리라는 것도 알고 있다.

돌이켜보면 지나온 날들은 꿈을 꾸고 그 꿈을 이루기 위해 도전하고 좌절하고 또 다시 도전하는 시간의 연속이었다. 비록 경찰관에게 이끌려 시험장 밖으로 쫓겨났던 운전면허시험도 다섯 번의 도전 끝에 따낼 수 있었고 지금은 큰 사고 없는 베스트 드라이버가 되었듯이, 오늘 이렇게 핑계만 찾고 있는 자전거도 언젠가는 완전정복을 끝내고 휘파람 불면서 노란 창포 꽃을 보러 갈 것이다. 다만 올해일지 내년일지 그 차이만 있을 것이다. 자라나는 아이들 역시 빠르고 느리고의 차이일 뿐 결코 잘하고 못하고의 차이가 아니라는 것을, 서로 부딪히는 생각들이 자신에게 유리하냐 불리하냐의 차이일 뿐 결코 옳고 그름의 차이가 아니라는 것을, 마주치는 사람들 역시 자신의 취향에 맞느냐 안 맞느냐의 차이일 뿐 좋고 나쁘고의 차이가 아님을 오늘 나는 자전거 완전정복에서 다시 한번 배우고 있는 중이다.

(2013. 4.)

# 꽃자리

해마다 이때쯤이면 사무실이 뒤숭숭하다. 새봄과 초가을이면 어김없이 찾아오는 또 하나의 계절, 인사철이기 때문이다. 떠나가는 사람과 새로 오는 사람에 대한 아쉬움과 설렘이 교차하면서 한동안은 송별회와 환영회로 부산하다. 같이 밥 먹고 술 마시면서 헤어지면 충분하련만 뭐가 그리 아쉬운지 또 축전이나 화분을 보내주기도 한다. 확실히 우리는 정이 많은 한국인임이 분명하다.

이번 3월 인사로 나도 자리를 옮기게 되었다. 지난해 봄에 자리를 옮긴 터라 올해 다시 이동할 줄은 미처 예상치 못했다. 어차피 직장생활을 하다 보면 어쩔 수 없이 옮겨야 할 때도 있기 마련이다. 냉철하게 생각하면 그리 나쁜 건 아니지만 막상 옮겨야 한다고 생각하니 번거롭고 심란했다. 그러고 보니 긴 시간은 아니었지만 그사이 여기에서 하던 일도 익숙해졌고, 같이 지낸 사람들도 정이 많이 들었다.

급하게 책상과 서랍을 치우고 컴퓨터 파일들을 정리했다. 짧은 1년이었지만 곳곳에 처박아둔 잡동사니가 많았다. 다음에 할 요량으로 미뤄둔 서류들을 보니 언제까지나 그곳에 있을 줄 알았던 나 자신이 쑥스러웠다. 한 치 앞도 못 보는 게 사람이라더니 딱 그 격이었다. 누군가 보내준 몇몇 책자들은 포장조차 뜯지 않아 애써 보내준 분에게 미안함을 금할 길이 없었다.

짐을 싸면서 오래전에 읽었던 글 한 대목이 불현듯 떠올랐다. 이미 세상을 뜨신 어느 여류작가는 나이가 들면서 날마다 한 번씩 자신의 장롱을 정리하고, 안방과 서재 등 자신이 머무는 공간을 수시로 정리한다고 하셨다. 어느 날 갑자기 사고라도 나거나 병으로 쓰러져 거동이 불편하고 의식조차 흐릿해진다면 정리되지 않은 자신의 모습이 남에게 보일까 두렵다고 했다. 설사 자식이라도 마찬가지라 했다.

고백건대 그때는 글 쓰는 사람의 유별난 자존심일 거라며 대수롭지 않게 생각했다. 나이 들어 언젠가 떠나야 할 순간을 준비하는 노작가의 마음을 알 듯 모를 듯 했지만 나에게는 먼 나라 이야기처럼 여겨져 이내 잊혔다. 하지만 아주 쉽게 잊힌 건 아니었다. 출퇴근하기에 바빠 내 주변은 늘 뒤죽박죽이었지만 문득문득 정리하면서 살아야 한다는 생각으로 마음은 결코 편치 않았다. 어쩌다 하루라도 집을 비울 때면 이상하게 그 말이 떠올랐다. 간혹 외국에 나갈 때는 화장대나 옷장, 서랍, 신발장을 한 번씩 훑어보고 떠나는 버릇도 생겼다.

어디론가 떠나기 위해 머물렀던 자리를 정리한다는 것은 일상에 묻혀 정신없이 살아가는 자신을 되돌아보게 만든다. 물건 하나하나에 담긴 이야기와 함께했던 사람들과 시간은 오늘의 나를 만들어준 원형질일 수 있다. 어쩌면 지난 시절은 기쁨과 슬픔의 무한 반복과 재생과정이 아니었나 싶다. 유독 나에게만 기쁜 일이 더 많고, 나에게만 슬픈 일이 더 많은 것은 아니었을 것이다. 내가 행복했다면 남들도 나만큼은 행복했을 것이고, 내가 힘들었다면 남들도 나만큼은 힘들었을 것이다.

생각해보면 여태껏 살아오면서 어느 한순간도 나에게 의미 없는 시간은 없었고, 만났던 그 누구도 나에게 의미 없는 사람은 없었다. 마찬가지로 지금껏 해 온 어떤 일도 나에게 의미 없는 일은 없었다. 쓸데없는 일에 시간을 낭비했다고 후회하는 순간도 그것을 깨달은 순간 나에게는 값진 교훈이 되었다. 그래서 사람들은 지나온 시절을 모두 아름답게 추억한다. 그래서 어떤 시인은 '네가 지금 가시방석처럼 여기는 너 앉은 자리가 바로 꽃자리'라고 하지 않았을까?

꽃자리였다. 지난 1년 동안 있었던 내 자리가 바로 꽃자리였는데 정작 있을 때는 그것을 미처 몰랐다. 기차가 떠난 뒤에 손을 흔들면 무슨 소용이 있으랴만 이제라도 그곳이 꽃자리였음을 안다는 것은 중요하다. 왜냐면 살아온 자리가 꽃자리였음을 아는 사람만이 살아갈 자리도 꽃자리로 만들 수 있을 거라 믿기 때문이다.

새로운 곳으로 출근한 첫날이었다. 한 무더기의 꽃들이 나를 기다리고 있었다. 정말 예상치 못한 일이었다. 사람 사는 세상에 누군가가 누군가를 생각해준다는 것만큼 아름다운 것이 또 있을까. 꽃자리는 바로 그곳에도 있었다. 꽃들은 끝내 새로운 그곳을 꽃자리로 만들고 있었다. 아니, 그들은 그곳이 꽃자리여야 한다고 소리 없는 함성과 박수를 보내고 있었다. 갑자기 가슴이 뜨거워지면서 두근거리기 시작했다. 내 앉은 자리가 가시방석이 아닌 바로 꽃자리였다. 아니, 꽃자리여야 했다. 그게 아니라면 애써 꽃자리로 만들어야겠다.

(2014. 3.)

# 내 영혼을 위한 시간

오후 4시, 오늘도 젊은 엄마들이 어김없이 하나둘씩 나타났다. 손에는 제법 두툼한 포켓 영어책이 들려있다. 자리에 앉자마자 노트를 꺼내는 모습이 자못 진지했다. 깨알 같은 글씨에 간혹 형광펜으로 칠해진 밑줄도 보였다. 늦게 온 엄마가 손가방에서 하얀 누비 헝겊으로 된 무언가를 꺼냈다. 고깔 모양의 앙증맞은 모습이 장난감 같았다. 주방에서 쓰는 냄비 손잡이라고 한다. 그걸 만들다가 좀 늦었노라고 계면쩍어했다.

오늘은 필립 차례다. 방과 후 수업이 없는 원어민 교사들에게 딱 10분씩만 엄마들과의 만남을 제안했다. 원어민과의 짧은 깜짝 만남은 엄마들에게는 일종의 보너스인 셈이다. 잠시 후 베레모를 쓴 점잖은 영국 신사가 나타났다. 좁은 원장실을 꽉 채운 예닐곱의 엄마들을 보고 잠시 얼굴이 발개진 필립에게 그 엄마가 냄비 손잡이를 건네주었다. 처음 만나는 거라 서로가 어색하련만 냄비 손잡이에 관한 이야기가 자연스럽게 이어졌다.

엄마들의 질문은 짧고 어눌했지만 필립은 영국식 발음으로 또박또박 천천히 답했다. 원어민에게 할 질문을 미리 숙제로 내줬기 때문에 나름대로 열심히 한마디씩 했다. '콩떡같이 말해도 찰떡같이 알아듣는다.'고 비록 토막영어일지라도 표정이나 몸짓만으로 우리말을 전혀 못 하는 외국인과 즐겁게 대화를 나누다 보니 약속된 10분이 쏜살같이 지나갔다. 짧은 시간이었지만 엄마들은 자신이 외국인과 몇 마디를 나누어 봤다는 사실에 행복해했다.

에세이를 영어 원서로 읽어 보는 것은 처음이라고 했다. 대부분 학교를 졸업한 지 오래되었고, 영어전공이 아닌 바에야 이렇게 모르는 단어를 찾아보고 소리 내어 읽어 보는 자체가 아마 처음일 수 있다. 평생을 영어 교사로 살아온 나도 마찬가지다. 학창시절에는 두툼한 원서도 곧잘 보고, 종종 영자신문이나 영어소설을 읽곤 했지만 졸업 후에는 기억이 별로 없다. 영어를 가르쳤지만 영어로 된 책은 교과서나 수업 지도서가 전부였다. 수업 말고도 생활지도와 처리해야 할 일들이 넘쳐났다. 늘 바쁘고 피곤했다. 굳이 영어원서를 보지 않아도 영어 수업은 잘할 수 있다고 큰소리치던 시절이었다.

학교를 떠나 장학사로 일할 때도 정작 영어를 벗어날 수는 없었다. 영어전공이라서 학교 현장의 영어 수업을 지원하는 업무를 주로 했다. 그 뒤 학교장이 되고서는 영어에 얽매이지는 않았다. 학교경영에서 영어는 작은 일부분이지 전부가 아니었기 때문이다. 그러나 그것도 잠시였고, 지난 3월 이곳 영어체험센터로 옮겨온 뒤 다시 영어를 피해가기는 힘들었다. 영어체험 프로그램 운영과 원어민 교사 관리가 주 업무이다 보니 오히려 그동안 덮어두었던 영어 공부를 다시 시작해야 했다.

이곳에서 처음 알게 된 엄마들이었다. 모두 우리 센터에서 무료로 운영하는 초등 방과 후 프로그램에 자녀를 보낸 분들이다. 교통이 원활치 않아 자녀들을 직접 데려온 엄마들이 수업이 끝나기를 기다리다 우연히 원장실을 찾아와 차를 마시다가 엄마 영어반이 있으면 좋겠다는 의견을 내놓았다. 영어전공인 나도 피하고 싶었던 영어공부를 평범한 엄마들이 원할 줄은 미처 몰랐다. 신선한 충격이었다. 그들은 영어회화를 원했으나, 현실적으로 원어민 교사들은 수업을 해야 했고, 수강료도 문제였다. 그렇다면 영어교사 경험을 살려 내가 직접 수업을 한다면 나도 영어공부를 할 수 있겠다 싶었다. 일석이조 一石二鳥인 셈이다.

갑자기 가슴이 뛰기 시작했다. 망설일 이유가 없었다. 일주일에 두 번씩 모여 짤막한 영어 에세이 한 편을 읽고, 우리말로 옮겨보고, 큰 소리로 돌려가며 낭독 후, 서로의 생각을 토론하기로 했다. 소위 요즘 붐이 일고 있는 영어독서 토론동아리인 셈이다. 그들의 수준을 가늠할 수가 없었으나 그것은 그렇게 중요하지 않았다. 사유가 필요한 철학적인 내용이 포함되어야 토론 거리가 생길 거라 여겨, 고심 끝에 교재는 《내 영혼을 위한 닭고기 스프》라는 책으로 결정했다.

서양에서는 닭고기 스프를 감기 몸살이 났을 때 보양식이나, 숙취 후에 먹는다고 한다. 마치 우리도 감기에 걸리면 무를 썰어 넣고 고춧가루를 풀어 매콤하고 뜨겁게 끓여 먹고 한숨 푹 자고 나면 가뿐하듯이 닭고기 스프가 딱 그 격인 셈이다. 일종의 소울 푸드로 배고파서 먹은 음식이 아니고 추억을 불러일으키는 음식인 것이다. 우리가 살아가면서 어렸을 적 어머니가 끓여주신 된장찌개 맛을 평생 못 잊어하듯이 서양인들 역시 어렸을 적 어머니가 끓여주신 닭고기 스프 맛을 오래 기억한다고 한다.

그러고 보니 책의 제목이 흥미로웠다. 이 책을 읽으면 마치 닭고기 스프를 먹는 것처럼 육체의 치유는 물론 마음과 영혼의 안식을 함께 줄 것 같았다. 실제 책 속의 이야기들은 모두 실화여서 더 잔잔한 감동을 주기도 했다. 엄마들은 서툰 영어 실력이지만 한 편의 이야기를 읽을 때마다 삶의 지혜를 얻은 성취감과 에세이를 영어로 읽는다는 자부심으로 스스로를 대견해했다.

나 역시 다르지 않았다. 엄마들과 함께 공부하면서 한동안 무디어졌던 영어 감각이 새로워졌고, 책 속의 이야기들이 주는 인생의 값진 교훈을 얻게 되었다. 토론을 하다 보면 나의 지난날을 되돌아보고, 늘 일하는 사람으로 아이들에게 반쪽짜리 엄마이자 어설픈 주부라는 미안함에서 벗어나 나에게 조금은 관대해지기도 했다. 엄마들의 행복해하는 모습에서 또 다른 나를 보는 듯했다. 치유가 따로 있는 것이 아니었다. 그야말로 내 영혼을 위한 닭고기 스프이자, 내 영혼을 위한 시간이었다.

다음 주는 처음으로 에세이 같은 영시英詩에 도전해보기로 했다. 제목은 '인생이라는 게임'이다. 엄마들에게 영시를 낭송해주길 원하는 원어민을 말해보라고 했다. 부드러운 음성과 똑똑한 발음, 감성이 풍부할 것 같은 모 원어민을 추천했다. 나의 모자란 영어 실력과 무딘 창의력을 쥐어짜 내 그가 엄마들에게 기꺼이 영시를 낭송해주도록 유혹해야 하는 임무가 생겼다. 황홀한 임무다. 그 황홀한 순간 역시 내 영혼을 위한 시간임에 틀림없을 것이다.

(2014. 5.)

# 인연

"저요, 저요." 소리가 여기저기서 들렸다. 강사는 한 명씩 차례차례 지명하여 질문을 받았다. "언제부터 학자가 되겠다고 결심하셨어요?", "인생의 목표가 수시로 바뀌는데 부모님이 바라는 목표와 다를 때 어떤 선택을 해야 할까요?" 등등 질문이 끝없이 이어졌다. 엉뚱하거나 기발한 질문은 좋아도 예의에 어긋나거나 학교 위상에 맞지 않은 질문이 나올까 조바심이 났다. 꼬박 한 시간을 넘긴 강의로 피곤할 법도 한데 아빠가 자식과 대화하듯 질문 하나하나에 성심껏 답변하셨다. 멀리 포항에서 세 시간 넘게 달려온 P 대학 K 총장님의 특별강연 현장이다.

P 대학은 우리나라에서 이공계 진학을 원하는 고등학생이라면 누구나 가고 싶어 하는 꿈의 대학이라 할 수 있다. 세계에서 가장 경쟁력 있다는 P 제철에서 설립한 이 대학은 공과대학으로 미국의 칼텍, 프랑스의 에콜 폴리테크에 이어 세계 3위에 링크된 연구중심대학이다. 입학생 절반 이상이 전국의 과학고와 과학영재고 졸업생으로 우리 학교 역시 해마다 적지 않은 학생이 진학을 꿈꾸고 있으며, P 대학 총장 특강은 우리 학교로서는 처음이라 했다.

이번 특강은 첫 교장 발령을 받은 I 학교에서의 작은 인연에서 시작되었다. 어느 해인가. 교정의 단풍나무 잎들이 진초록으로 무성해지는 6월 어느 날, 인터넷 검색을 하다 아주 작은 기사 제목이 눈에 띄었다. 'P 대학 전국 고2 대상 여름방학 이공계 캠프 500명 모집'이었다. 바로 그 대학 입학처로 전화를 걸었다. 어디 학교라고 하니 대뜸 전국단위 모의고사 성적부터 물어보았다. 아마 알려진 학교가 아니고 생소한 농촌학교 이름이었으니 당연한 질문이려니 해도 그 순간 기운이 빠졌다. P 대학이라면 공공성 차원에서도 농촌 소규모 학교에 대한 배려도 있어야 하지 않을까.

하지만 답변은 시큰둥했다. 농촌학교나 작은 학교 쿼터는 없다고 잘라 말했다. 곰곰 생각해보니 그쪽에서는 500개 중의 한 학교일 뿐이라고 생각할 터라 그러려니 하고 마음을 다독였다. 일단 수석으로 입학하여 줄곧 좋은 성적을 유지하는 J와 담임과 함께 이야기를 나누었고, 바로 참가신청서를 제출했다.

그 후 어느 날, 한 통의 전화를 받았다. P 대학 입학 담당팀인데 광주에 입학설명회에 왔다가 돌아가는 길에 전북에서 유일하게 여름방학 캠프 참가서를 낸 우리 학교가 생각나 잠시 방문할까 한다고 했다. 내 대답은 '당연히 오시라'는 한마디였다. 뭐 꾸밀 것도 숨길 것도 없이 있는 그대로를 보여주면 된다는 배짱이 생겼다. 잠시 후에 도착한 그들에게 내가 보여줄 수 있는 건 시골 학교이고, 어려운 가정환경에서도 열심히 공부하고 있다고 했다. 이번에 J가 그 캠프에 참가한다면 더 많은 농촌 학생들에게 꿈과 희망을 심어주는 기회가 될 거라고도 했다.

그러다 보니 점심시간이 되었고, 굳이 사양하는 그들을 끌고 한 식당으로 갔다. 읍내에서 제일 깨끗하고 좋은 곳인들 대도시의 음식점을 따라갈 수 없을 것 같아 그 또한 포기하고 시장통에 있는 정육점을 겸한 식당이었다. 한쪽에는 소갈비가 통째로 걸려있고, 그 옆에 연탄 구들장이 있는 그야말로 시골 식당이었다. 그래도 그들에게는 이곳 고기가 제일 선도가 좋고 맛있다고 에둘러 큰소리를 쳤다.

어찌 되었든 그해 J는 P 대학 여름 캠프에 참여하게 되었고, J를 데려다주는 길에 그곳으로 여름방학 직원 여행을 함께 떠났다. P 대학에 도착하여 J를 캠프팀에 접수시키고 돌아서려는데 뜻밖의 일이 벌어졌다. 입학팀에서 우리를 캠퍼스 투어를 시켜준 것이다. 듣지도 보지도 못했던 최첨단 학과들의 실험실을 비롯하여 선진화된 학습공간과 도서실, 식당, 기숙사까지 마치 유명한 아이비리그 대학을 방문한 듯했다.

놀라운 것은 우리 선생님들을 모두 교수 식당에 초대했는데 시내 어느 고급레스토랑보다 고즈넉하고 분위기 좋은 이국적인 카페테리아였다. 더구나 그날 저녁 여름방학을 맞이하여 지난 학기 동안 공부하느라 애쓴 학생들과 학부모와 시민들을 위해 열리는 '한여름밤 음악회'에 우리를 초대했다. 홀 안에 들어서니 로얄석 바로 뒷자리를 통째로 우리에게 제공했다. TV로만 보았던 음악가 금난새의 진행으로 웅장한 오케스트라 연주와 수준 높은 음악 해설 또한 뜨거운 감동이었다.

세월이 많이 흘러 이곳 과학고에 와서 홍보차 P 대학에서 온 입학사정관을 본 순간 옛 생각이 났다. 차를 마시면서 불쑥 I 학교에서 P 대학과의 인연을 꺼냈다. 바로 그때, 입학사정관이 그 이야기를 기억하고 있었다. 당시 자신은 입학팀 막내였는데, 정육점식당도, 캠프참가 학생 이름까지도 기억해냈다. 반가웠다. 더 놀라운 것은 당시 입학처장을 하셨던 분이 현 P 대학 총장님이라고 했다. 그날 나는 또다시 학교 근처의 식당을 그와 함께 갔다. 물론 예전의 시골 정육점식당보다는 훨씬 더 현대화되고 깨끗한 곳에서 저녁을 먹으면서 그런저런 옛이야기를 나눴다.

그로부터 한두 달이 지난 어느 날, P 대학 총장 비서실에서 전화가 왔다. 이번 인사로 자신도 비서실장으로 P 총장님을 모시게 되었고, 총장님 역시 I 학교에서의 인연을 잘 기억하고 있으며, 우리 학교를 방문하여 특강을 하시겠다고 했다는 것이다. 아아…. 인연이란 참으로 묘했다. 언제 어디서 무엇이 되어 다시 만나리라는 것은 아무도 알 수 없고 일부러 만들려고 해도 안 된다는 것이다.

그날, 멀리서 온 총장님에게 따뜻한 점심을 대접해드리고 싶었다. 그 옛날 시장통 정육점식당이 아닌 우리 지역 향토 음식 연구가가 운영하는 집에서 마주하는 밥상에서 많은 이야기를 나누었다. 그리고 이어지는 꼬박 2시간 이상을 특강과 질의응답에 온 힘을 다해주신 총장님을 보면서 새삼 '인연'이라는 말의 힘과 깊이를 감히 헤아릴 수 없었다.

어디선가 '좋은 인연은 만들어지는 게 아니라 만들어가는 것이다.'라는 글을 읽은 적이 있다. 이렇게 P 대학과의 인연이 끊길 듯 다시 이어지고, 우리 아이들이 다시 그 인연을 이어간다면 이 또한 좋은 인연이 아닐까. 그날, 어둑해진 퇴근길에 올려다본 초저녁 밤하늘에 별이 하나, 둘 나타났다. 문득 오래전에 즐겨듣던 〈어디서 무엇이 되어 다시 만나랴〉라는 노래가 생각났다. 아무래도 오늘 밤에는 그 노래를 들으면서 잠들어야 할 것 같다.

(2020. 10.)

# 사미인곡四美人曲

'미인' 하면 떠오르는 두 가지 추억이 있다. 여고시절 체육대회 때 우리 반 응원가가 바로 당시 최고의 히트송인 〈미인〉이었다. "한 번 보고 두 번 보고 자꾸만 보고 싶네…."로 시작되는 노래를 "한 번 승리 두 번 승리 자꾸만 승리하네…."로 바꿔 부르면서, 요즘 아이들은 패러디라고 하겠지만, 목이 터져라 응원했던 추억이 그 하나이다.

또 하나는 국어 시간에 배운 〈사미인곡思美人曲〉에 나오는 '미인'이다. 미인은 용모가 아름다운 여인이기도 하지만 사모하는 임이나 군주 또는 미남자라는 또 다른 뜻이 있다는 것도 처음 알았지만, 〈사미인곡〉은 자신을 귀향 보낸 임금을 그리워하는 마음을 한 여인의 절절한 애정에 비유한 노래라고 열변을 토하시던 선생님의 모습이 아직도 눈에 선하다. 그때 우리는 문학에 심취한 꿈 많은 여고생이라기보다는 그저 〈사미인곡〉 작가는 정철이고 〈속미인곡〉과 함께 조선 가사문학의 백미라는 점을 밑줄쳐가며 외우기에 급급했던 예비고사를 목전에 둔 초조한 수험생일 뿐이었다.

까마득히 잊고 있었던 미인에 관한 추억을 새삼 떠오르게 한 것은 얼마 전 아이들과 함께했던 지리산 천왕봉 등산길이었다. '새내기 드림캠프'라 하여 1학년 신입생들에게 자아를 찾고 꿈과 비전을 가꾸어 진로 탐색의 기회를 주고자 1박 2일 일정의 학습동기 향상 프로그램 중 하나였다. 선생님들과 함께 100여 명이 하루에 15.4km를 걸어야 하는 쉽지 않은 산행이어서 무사히 마칠 수 있을까 상당히 걱정되었다. 아니나 다를까 주차장에서 백무동 입구까지 얼마 가지 않아 벌써 지쳐 포기하려는 아이들이 생겼다.

그러나 누가 뭐라 해도 그들은 십칠팔 세의 뜨거운 청춘들이었다. 높은 천왕봉을 다람쥐처럼 펄펄 날아 단숨에 올라가 셀 폰으로 찍어 아직 밑에서 올라오는 친구에게 자랑하는 주호, 중도 포기하고 싶었지만 순간 자신도 모르게 오기가 생겨 꼭 정상에 올라가고야 말겠다는 준형이, 산꼭대기에서 지난날 잘못된 행동으로 힘든 시간을 보냈던 자신이 어리석고 초라하게 느껴지고 인생을 제대로 살아야겠다고 다짐했다는 광중이, 왜 이렇게 힘들게 오르라고 하는 가 투덜대면서 올라간 정상에서 도대체 꿈과 등산은 무슨 관계가 있는

지 곰곰 생각하다 갑자기 엄청난 큰 뭔가를 얻은 듯 한 기분이 들었다던 모세, 너무 힘들어서 평소에는 시작도 전에 맥부터 빠지는 공부가 하고 싶고 엄마가 보고 싶다던 연정이, 공부하기 싫다고 불퉁거렸는데 공부가 제일 쉽다는 걸 알았고 이제 못할 것도 없다고 다짐했다는 보람이….

유난히 헉헉거리며 뒤처져 올라가는 한 무리의 여학생들 뒤에서 "아이구, 우리 예쁜 사미인들. 자, 힘내자, 힘!" 하면서 이끌고 올라가시는 선생님 소리가 들렸다. 사미인? 순간 아득한 여고시절 미인의 추억이 생각났다. 그 선생님에게 왜 〈사미인〉이냐고 물어봤더니 되돌아온 답은 "별 뜻은 없어요. 수업시간에 〈사미인곡〉을 배우는데 그 아이들이 착하고 예뻐서 네 명의 미인, 〈사미인四美人〉이라고 불러요."

갑자기 가슴이 후끈해졌다. 맞다. 30년도 훨씬 지난 옛날, 나도 그렇게 꿈 많고 터질 듯 뜨거운 가슴을 안고 살았던 여고 시절이 있었다. 그때도 〈사미인곡〉을 가르쳐 주셨던 선생님이 계셨고, 재미없다고 삐죽거리며 까칠하게 굴었던 우리를 그래도 사랑으로 감싸 주셨던 선생님이 계셨다. 10년이면 강산도 변한다는 세월이 세 번이나 흘러 다시 학교에서 만난 아이들은 여전히 까불고 투덜거리고 공부하기 싫어하는 그 옛날의 여고시절 우리들의 모습 그대로였다. 그리고 그런 여고생들을 '사미인'이라고 부르며 무한한 사랑을 주시는 선생님의 모습도 아직도 그대로였다.

아아. 〈사미인곡四美人曲〉. 꽃보다도, 아니 이 세상 무엇보다도 더 아름다운 그 아이들이 쫑알대는 이야기들을 유배당해 임금에게서 멀어진 서러운 마음과 다시 임금 곁으로 돌아가 권세와 영화를 누리고자 하는 인간의 탐욕을 노래한 정철의 〈사미인곡思美人曲〉에 어찌 견주랴! 천왕봉 정상에서 바라본 신록과 구름이 연출해내는 대자연이 아무리 아름답고 위대한들 어찌 선생님과 아이들이 만들어가는 이야기만큼 아름답고 위대할까. 그날, 8시간에 걸친 긴긴 산행이 결코 힘들지 않았던 것은 순전히 〈사미인곡〉이 던져준 아련한 추억과 가슴 찡한 감동 때문이었다.

(2012. 3.)

# '놈' 이야기

몇 년 전인가. 〈놈놈놈〉이란 영화가 있었다. 1930년대 다양한 인종이 뒤엉키고 총칼이 난무하는 무법천지 만주의 축소판 제국열차에서 한 장의 지도를 놓고 세 남자가 벌이는 추격전 이야기였다. 세 남자는 좋은 놈과 나쁜 놈, 그리고 이상한 놈이었다. 영화에서 좋은 놈은 돈 되는 건 뭐든 사냥하는 현상금 사냥꾼이었다. 나쁜 놈은 최고가 아니면 참을 수 없는 마적단 두목이었고, 이상한 놈은 잡초 같은 생명력의 열차 털이범이었다. 영화 보는 내내 누가 좋은 놈이고 나쁜 놈인지 헷갈렸지만 그렇다고 이상한 놈이 좋은 놈인지 아니면 나쁜 놈인지 또한 가늠할 수가 없었다.

그러나 '놈'이라 하면 욕설이라는 고정관념으로 입에 올리기가 꺼려지지만 공개적으로 떳떳이 큰 소리로 말해도 되는 통쾌함은 있었다. 그래서인지 황당한 내용과 난무하는 폭력성에도 불구하고 그 해 최고의 영화로 선정되기도 했다. 영화가 끝났어도 '놈놈놈' 시리즈는 한동안 입에 오르내렸다. 신문, 방송, 인터넷상에서 '놈놈놈' 패러디가 유행하였다. 주변에서 눈에 띄는 대로 좋은 놈과 나쁜 놈, 이상한 놈을 만들어 냈다. 심지어 운전할 때도 양보 잘하는 사람은 좋은 놈이고, 막무가내로 끼어드는 사람은 나쁜 놈, 음주운전하는 사람은 이상한 놈으로 몰아붙이기도 했다.

또 다른 '놈' 시리즈가 있다. "뛰는 놈 위에 나는 놈 있다."라는 속담이 바로 그것이다. 뛰는 놈보다는 당연히 나는 놈이 살아남을 것이다. 이런 세태를 꿰뚫어 보기나 한 듯 일찍이 공자님은 '나는 놈 위엔 노는 놈이 있다.'고 했다. 그것은 바로 "도를 알기만 하는 사람은 좋아하는 사람만 못하고, 좋아하는 사람은 즐기는 사람만 못하다."라는 말씀에서 연유한다. 이를 조금 패러디하면 도를 알기만 하는 사람은 '뛰는 놈'이 되고, 좋아하는 사람은 '나는 놈', 즐기는 사람은 '노는 놈'이라 할 것이다. 여기서 '노는 놈'이라 하면 일은 안 하고 게으름만 피우는 부정적인 의미보다는 일도 하나의 놀이라 생각하여 열심히 일하는 사람을 바로 '노는 놈'이라 비유한 것이다.

요즘엔 이 말도 다시 '노는 놈 위에 미친 놈이 있다.'로 바뀌었다고 한다. 아무리 어떤 일을 열심히 하는 사람도 그 일에 미친 사람을 이겨낼 수 없다는 것이다. 요즘같이 치열한 생존경쟁에서는 뛰는 놈도, 나는 놈도, 노는 놈도 아닌 미친 놈만 살아남을 수 있다고 한다. 미쳐야만 튀어 보이고, 튀는 놈이야말로 세상의 주목을 받으면서 앞서 나갈 수 있다는 말이다. 바야흐로 미친 놈이 대접받는 세상이 오고 있다. 그렇다면 미친 놈은 좋은 놈인가, 나쁜 놈인가, 아니면 이상한 놈인가. 오늘날 우리가 진정 원하는 사람은 좋은 놈인가 미친놈인가. 갑자기 머릿속이 혼란스러워진다.

"…저는 학교에서 사회봉사를 가라고 하여 장수에 있는 사과농장에 갔습니다. 집에서 멀리 떨어져 장수까지 가는 것이 짜증났고, 넓은 사과밭에서 사과 꽃을 솎아내고 가지를 쳐주고 거름 주는 일이 너무 덥고 힘들었습니다. 그러나 푸른 하늘과 맑은 산속에서 저 자신을 한 번 되돌아보았습니다. 하얀 사과 꽃을 보면서 저 자신도 깨끗해지는 것 같았습니다. 사과나무가 자라는 모습이 마치 지금까지 제가 지나온 날을 보는 것 같기도 하고, 사과 꽃을 솎아주는 것이 바로 친구에게 상처 주었던 나쁜 마음을 저에게서 솎아내 주는 것 같았습니다…."

지난 학기 학교폭력으로 사회봉사 명령을 받았던 성현이가 사과농장을 다녀와서 쓴 소감문의 한 대목이다. 비록 잘못을 저지르긴 했지만 자신을 반성하며 흘린 성현이의 땀이 사과 꽃보다 더 아름답다고 생각되었다. 그리고 미처 알지 못했던 사과 꽃의 비밀도 알게 되었다.

흔히 사과 꽃 하면 5월의 눈부신 햇살 아래 마치 눈꽃처럼 피어

있는 하얀 꽃송이를 떠올린다. 그 꽃 하나하나가 가을이면 빨간 사과가 되어 주렁주렁 탐스럽게 매달려 있는 아름다운 풍경을 연상한다. 그러나 농부들은 사과 꽃이 피면 솎아내기를 한다. 적당량의 꽃을 솎아내고 쓸모없는 가지를 잘라내며 튼실한 가지를 골라 나무 모양을 잘 잡아주어야 열매를 많이 딸 수 있기 때문이다. 처음엔 한 가지에 한 개씩 꽃을 솎아내고, 조금 더 굵어지면 두 개까지 솎아내야 한다. 가을에 빨갛고 탐스러운 좋은 사과를 따기 위해 불필요한 부분을 아낌없이 솎아주고 잘라내며 잡아주는 것이다.

우리가 사는 세상도 마찬가지 아닐까. 지금 학교에서 마주치는 아이들은 바로 사과꽃 같은 존재일 수도 있다. 성현이가 사과 꽃을 솎아내면서 나쁜 마음을 솎아내어 깨끗한 마음을 만들어간다고 한 것처럼 탐스러운 사과, 좋은 사과를 따기 위한 농부의 마음으로 아이들 속에 자리 잡은 비실비실한 가지를 과감히 잘라내고, 나무 모양을 바르게 잡아줘야 하지 않을까. 누구나 비틀어지고 벌레 먹은 사과보다는 빨갛고 탱탱한 탐스러운 사과를 좋아할 것이다. 마찬가지로 우리 어른들이 원하는 아이는 공부를 좋아하고, 공부를 즐기며, 공부에 미친 놈일 것이다.

그러나 사정은 그리 녹록지만은 않다. 갈수록 심해지는 입시전쟁에서 좋아하는 과목만 공부할 수도 없고, 잘하는 특기만을 키울 수도 없다. 또 하루가 다르게 도를 더해가는 학교폭력과 속절없이 무너져 내리는 교권 앞에서 좋은 사과를 만들어 내기 위한 가지치기와 솎아내기가 어디 쉬운 일인가? 학교 공부가 공부의 전부가 아님을 알고, 학교 밖 공부에도 미칠 수 있는 좋은 놈을 만들고 싶다. 아니 공부는 조금 못해도 바른 인성을 갖춘 정말 좋은 놈을 만들고 싶다. 힘든 사과 꽃 봉사활동을 통해 좋은 놈으로 거듭나고 있는 성현이를 보면서 혼란스러운 오늘날의 교육 현장에서 아직도 살아있는 작지만 큰 희망을 본다.

(2010. 8.)

## 사랑초

우리는 서로 다른 일상에서 서로 다른 생각을 하면서 서로 다르게 살아간다. 그러나 계절의 변화나 자연의 이치, 인간관계 대한 생각은 누구나 비슷한 듯하다. 길고 지루했던 무더위가 사라지고 어느새 선선한 가을이 왔다. 9월이 오면 학교는 석별의 아쉬움과 만남의 설렘을 기다리는 것은 언제나 비슷하다. 2학기 인사발령 때문이다.

공무원들은 흔히 '종이 한 장짜리 인생'이라고 자조 섞인 신세타령을 한다. 인사발령장 한 장으로 만남과 헤어짐이 이뤄지기 때문이다. 첫 발령에서 정년까지 대략 삼사십 년을 재직하고 6년 만기로 이동하기 때문에 퇴직까지 대여섯 군데 학교를 거치게 된다. 그러다 보니 많은 사람과 만나고 헤어지게 된다. 잘하면 같은 학교에서 두세 번 같이 근무하기도 한다. 누구를 만나고 헤어지는 것은 자신의 의지대로 할 수 없어 인생은 우연의 연속이고, 그 우연 속에 인연을 맺어 살아간다는 말을 실감한다. 해마다 이때쯤이면 어떤 우연과 인연이 기다리나 궁금해진다.

이번 인사로 같이 근무하시던 장학사 한 분이 발령이 났다. 사무실에서 최고 연장자로 사무실 내 잡다한 일들을 유난히 잘 챙기셨던 분이다. 매일 아침 가장 일찍 출근하여 창문 열어 환기를 시키고, 겨울이면 난방기를 미리 틀어놓아 출근하는 사람들을 따뜻하게 맞이했다. 사무실 컴퓨터에 문제가 있거나 무거운 물건을 날라야 할 때도 내 일 네 일 안 따지고 늘 앞장서셨다. 후배들이 개인적으로 어려운 일이 생겨도 우선적으로 해결해주려고 애쓰는 큰형님, 말 그대로 빅 브라더(big brother)였다.

사무실 내 화분 관리 역시 그분 몫이었다. 분갈이는 물론이고 비실비실 말라가는 화분도 그분 손을 거치면 금방 반질반질 윤기가 돌았다. 그런 분이 떠난다고 하니 모두 아쉬워했다. 업무 인수인계도 마치고 송별회까지 마친 마지막 날, 일찍 들어가시라고 했더니 할 일이 남았다며 퇴근 시간까지 남아계셨다. 퇴근길에 "사랑초를 심었어요. 햇빛이 들어오는 창가에 놓고 물을 잘 주세요." 하면서 화분 하나를 내미셨다. 사랑초라니……. 흔치 않은 꽃 이름이었다. 적어도 나에게는 처음 듣는 꽃이었다. 이름에 사랑이라는 말이 들어가는 것을 보면 무슨 사연이 있겠지만 너무 강렬하고 인위적인 느낌이었다.

그런데 더 생뚱한 것은 보기 드물게 새빨간 화분에 꽃도 잎사귀도 없이 덩그러니 흙뿐이었다. 아마도 분갈이를 해서 뿌리를 심은 모양이었다. 더구나 나이에 어울리지 않는 심각한 표정으로 하도 진지하게 말씀을 하셔서 터지려는 웃음을 애써 참았다. 그때 덧붙인 한마디는 "훗날 이 사랑초가 꽃 피거든 날 본 듯이 반겨주세요."였다. 차마 웃을 수가 없었다. 오히려 껑충한 키와 지긋한 나이에도 어울리지 않은 신파조의 말씀에 그만 가슴이 찡하고 말았다.

그렇게 며칠이 지났다. 한낮에는 아직도 따가운 햇볕 덕인지 창가에 놓아둔 빨간 화분에 아주 작은 움이 삐죽삐죽 돋아났다. 자주색이었다. 새싹이라면 모두가 초록일 거라는 고정관념을 깨트린 것이다. 엄동설한의 추위를 이겨내고 새봄에 돋아나는 새싹은 아니지만 무척 신기했다. 그리고 며칠이 더 지나자 손톱만큼 싹이 자라고, 또 며칠이 지나자 새끼손가락만큼 불쑥불쑥 자라났다. 얼핏 토끼풀같이 잎 하나하나는 또다시 두 개의 작은 잎이 되어 마치 나비의 날개처럼 접혔다 펴졌다 했다. 차이라면 토끼풀은 둥근 부채꼴 모양이라면 사랑초는 정삼각형 모양의 부채꼴이었다.

한동안 아침에 출근하면 사랑초 잎이 얼마나 자랐나 보는 것이 작은 기쁨이었다. 지금껏 사무실에 있는 화분은 화원에서 키워 꽃이 핀 상태에서 배달되어 온 것이 전부였다. 이렇게 직접 뿌리를 심어 싹을 틔운 것은 처음이었다. 문득 이런 자주색 잎에서는 어떤 색깔의 꽃이 필까 궁금해졌다. 또 얼마나 사랑스러우면 '사랑초'일까. 수많은 생각이 떠올라 인터넷을 뒤져보았다.

사랑초는 괭이밥과의 여러해살이풀로 전 세계에서 자라고, 생명력이 강해 햇빛과 물, 바람만 있으면 쉽게 키울 수 있는 꽃이었다. 활짝 핀 꽃을 보니 자주색 잎사귀 틈새로 작고 앙증맞은 연보랏빛 꽃봉오리가 올망졸망 피어났다. 정말 사랑스러웠다. 또 자주색뿐 아니라 초록색도 있었다. 초록색 사랑초는 꽃송이가 분홍빛이어서 진달래꽃마냥 익숙하면서도 편안한 색의 조합이었다. 그 어떤 화가도 흉내 낼 수 없는 자연이 만들어내는 색의 배합이었다.

사랑초가 주는 감동의 압권은 꽃말이었다. '당신과 함께하겠습니다.'라는 단순 명료한 이 한마디는 사랑초가 사랑초인 이유를 다 설명해주는 듯했다. 사랑초를 심어주고 떠난 그분은 이 꽃말을 알고 있었을까. 떠나는 자신을 기억해주고 남아있는 사람들과 함께하고 싶은 그분의 마음일까.

하루 중 절반을 직장에서 보내는 우리에게 동료는 또 다른 가족이다. 같이 웃고, 울고, 기뻐하고 같이 울분을 토한다. 그렇다. 낮에는 어쩌면 가족보다 더 가까울 수도 있다. 언제부터인지 사랑도 여러 빛깔이라는 것을 알게 되었다. 그렇다면 때때로 가족보다 더 가깝게 느껴지는 직장 동료는 어떤 빛깔 다른 사랑일까.

그러고 보면 우리는 날마다 사랑이라는 말의 홍수에 빠져 살고 있다. 아침에 눈을 떠서 잠자리에 들기까지 만나는 사람도, TV도, 휴대폰도 인터넷도 온통 사랑타령이다. 부모 자식 간의 사랑이나 부부간의 사랑은 물론이고 친구, 이웃, 민족 간의 사랑을 넘어 지구촌 전 인류에 대한 사랑을 말하고 있다. 또 다른 사랑도 있다. 일, 예술, 가치, 자연과 같은 인간이 아닌 어떤 절대적 존재에 대한 사랑 또한 우리가 늘 마주하고 있다. 그래서 우리는 입으로는 사랑을 말하지만 정작 마음으로는 사랑에 굶주려 있는 듯하다. 오죽하면 말 못 하는 꽃조차 '사랑초'라 부르고 '당신과 함께하겠다'라는 의미를 부여하면서 사랑을 갈구했을까.

그날 사랑초를 보면서 기분이 한결 좋아졌다. 확실히 사랑초는 마음과 마음을 이어주면서 사랑하고 사랑받게 하는 마력이 있나 보다. 머지않아 사랑초가 꽃피는 날 그분께 맨 먼저 전화를 해야겠다. "고맙습니다. 사랑초가 피는 한 언제나 함께하는 거예요."라고. 그리고 부디 옮겨간 그곳에서도 또 다른 사랑초를 심어서 사랑을 나누어 주고 사랑받으면서 행복하시기를 바란다.

(2013. 9.)

# 부사관은 엄마라구요

겨울로 치닫는 계절이 잠시 주춤한 듯 따사로운 햇살이 정겹게 느껴지는 12월 초순 어느 점심시간이었다. 몇몇 선생님들이 운동장가 목튤립 나무 아래에서 서성거리는 모습이 보였다. 나도 모르게 밖으로 나가 꽃등에가 날아다니는 국화 밭을 지나 교문 근처 단풍나무 숲으로 갔다. 붉게 물든 단풍잎 사이로 푸른 하늘이 고개를 내밀고 있었다. 여기저기서 들리는 아이들의 청량한 웃음소리를 들으며 느긋하게 늦가을 정취에 빠져 있다가 문득 마음이 부산해졌다. 점심시간에 3학년 승기가 강의하기로 했던 생각이 났기 때문이다. 다음

주 월요일이면 부사관으로 입대한다고 머리를 박박 밀고서 벙거지를 쓰고 다니는 승기가 어떻게 부사관 시험에 합격할 수 있었나 그 이야기를 1, 2학년 후배들에게 들려줄 자리였다.

생각해 보면 승기의 부사관 합격 소식은 선생님이나 친구들에게 큰 사건이었다. 보통의 아이들에 비해 조금 부족한 승기는 내놓고 말하진 못해도 친구들 사이에서 은연중에 놀림감이 되기도 했다. 여느 아이 같으면 엄마가 친엄마가 아니라 필리핀에서 온 엄마라고 쉽게 말하지 않으련만 승기는 달랐다. 친엄마가 일찍 가출하여 새엄마가 필리핀에서 왔다고 스스럼없이 말하곤 했다. 해가 갈수록 농촌에서는 다문화가정 아이들이 늘어나고 있고, 그 아이들의 학교생활 적응이 점차 심각한 문제로 대두되고 있다. 이러한 승기의 태도는 입학 때부터 눈에 띄었다.

이를 아는지 모르는지 승기는 복도에서 마주치면 멀리서부터 뛰어와 꾸벅 인사를 하고 쏜살같이 사라지는가 하면, 제빵시간마다 빵을 만들어서 불쑥 교장실을 찾아와 솜씨를 자랑하기도 했다. 학교축제 때 요란하게 마이클 잭슨 분장을 하고 비보이 춤을 추기도 해서 깜짝 놀라게 하더니, 작년 여름방학 때는 스포츠 마사지를 배워 나에게 마사지를 해주겠노라고 해서 감동하기도 했다. 후일담이지만 선생님마다 마사지를 해주겠다고 큰소리를 쳤던 모양인데 선생님들은 각각 자기에게만 해주겠다는 줄 알고 나처럼 남모르게 감동했다고 한다.

지난 3월 초 어느 토요일, 복도를 지나다가 우연히 텅 빈 교실에서 혼자 공부하고 있는 승기를 보았다. 가뜩이나 좁은 책상에 문제집이며 음료수병, 화장지들을 늘어놓고 앉아있는 모습이 생경했다. 그냥 못 본 체 지나치기에는 뭔가 말을 걸어줘야 할 의무감이 들면서 무슨 공부를 하나 궁금하기도 했다. 다가가 보니 뜻밖에 '부사관 시험 필승 문제집'이었다. 승기는 수능이 아니라 부사관 시험을 준비하고 있었다. 다부진 체격의 승기가 진로를 잘 선택했다 싶었다. 하지만 평소 성적을 어느 정도 알고 있기에 미덥기도 하고 걱정도 되었다. 그 뒤 봄, 여름이 지나 가을까지 토요일이면 열심히 문제집을 풀고 있는 승기를 종종 볼 수 있었고 대견스럽기까지 했다.

며칠 전 아침, 출근해 보니 교장실 앞에서 승기가 기다리고 있었다. 어깨를 으쓱하더니 "저, 부사관 시험에 합격했어요!"라고 했다. 목소리에 잔뜩 힘이 들어가 있는 승기는 예전의 승기가 아니었다. 어리바리했던 모습은 간데없고 표정에서 군인 포스가 확 느껴졌다. 한두 마디 칭찬으로는 부족해 보였다. 마침 수능이 끝나고 며칠 전 대입 설명회를 하면서 대학진학보다 부사관 시험을 준비하는 아이들이 의외로 많다는 것을 알게 되었다. 그렇다면 승기가 입대하기 전에 합격 성공담을 들려주면 좋겠다 싶었다. 부랴부랴 승기를 불러 그 이야기를 했더니 자신이 없어 못하겠다고 한다. 써서 읽어도 좋으니까 해보라고 설득했다. 그래도 끝까지 고집을 부리지 않아 겨우 승낙을 얻어 다음날 점심시간에 모이게 된 것이다.

생각보다 많은 학생이 와 있었다. 간혹 여학생도 눈에 띄었다. 나는 조용히 뒷자리에 앉았다. 드디어 빡빡머리 승기가 교단에 올라왔다. 완전히 군인 포스의 승기는 한동안 말없이 서 있었다. 잠시 침묵이 흘렀다. 순간 걱정이 되었다. 잠시 쭈빗쭈빗 하더니 이내 결심한 듯 호주머니에서 뭔가를 꺼냈다. 깨알 같은 글씨가 적혀진 종이였다. 어눌하긴 했지만 나름 한 줄씩 또박또박 읽어 내려갔다. 어찌나 목소리가 떨리는지 내가 더 긴장되었다. 그러나 시간이 지날수록 목소리는 힘이 들어갔고 표정도 단호해졌다. 웅성거리던 아이들이 조용해지면서 점차 승기 이야기에 빠져들기 시작했다.

미처 몰랐던 사실은 체력시험을 위해 무더웠던 여름 내내 날마다 집 앞에 있는 중학교 운동장을 다섯 바퀴씩 뛰었고, 예상 문제집도 세 번씩이나 풀어 달달 외우다시피 했다고 한다. 그럼에도 불구하고 아쉽게도 이론 시험 성적은 부족해서 겨우 과락을 면할 정도였는데 다행히 학교에서 특성화계열 학생에게 주어지는 단체자격시험에 응시해 합격한 제과제빵 자격증이 있어서 조리병으로 합격했다는 것이다. 세상에 그렇게 공부에는 관심도 없고 수업 시간에는 딴짓만 하던 승기가 누가 시키지 않아도 스스로 체력단련도 하고 문제집도 여러 번 풀었다니, 그저 놀랍고 기특할 따름이었다.

발표가 끝나자 박수가 터져 나왔고, 승기는 감사하다는 말과 함께 질문이 있으면 해보라는 여유까지 부렸다. 아니, 질의 응답시간을 가질 생각을 하다니 놀라움의 연속이었다. 몇몇 아이들이 질문을 하자 경어를 써가며 답변했다. 더 놀라운 것은 설명회가 끝난 뒤였다. 자신이 설명한 내용에 대해 OX 퀴즈와 돌발 퀴즈를 내는 것이었다. 그리고 언제 준비했는지 퀴즈를 맞힌 아이들에게 초코파이를 상품으로 나누어주는 것이었다.

교육학 이론을 배운 적도 없으련만 선생님들이 수업 시간에 사용하는 교수법을 그대로 실천하고 있었다. 학습 내용을 설명하고 질의응답을 거쳐 평가를 하고 잘하는 학생에게 상까지 주어 격려하다니……. 세상에, 다른 사람도 아닌 승기가 제대로 된 교수법을 사용하다니, 참으로 감동스러웠다. 그렇다. 아이들은 어른들이 생각하는 것 이상으로 스스로 성장하는 힘을 가지고 있다. 어른의 눈으로 보았을 때 부족해 보일 뿐 나름대로는 다 그런 과정을 거치면서 어른이 되어간다는 사실을 새삼 깨달았다.

설명회가 끝나고 승기에게 어떻게 발표를 그렇게 잘했냐고 물어보았다. 또 어떻게 퀴즈와 초코파이 상품을 생각해냈냐고 물어보았다. 알고 보니 전날 걱정되어 뜬눈으로 밤을 새우고 결국 학교에 와서 담임 선생님께 구원 요청을 했다고 한다. 그날 오전 내내 선생님과 함께 발표할 내용을 정리했고, 선생님 앞에서 발표 연습까지 했다고 한다. 아무래도 좋았다. 승기는 난생처음 여러 사람 앞에서 발표를 해봤고, 그날의 경험으로 어떤 어려운 일이 생겨도 헤쳐 나갈 수 있는 자신감이 생겼을 것이다. 아아, 선생님의 자리는, 아니 선생님의 존재 이유는 바로 이런 것이 아닐까. 가슴에 뜨거운 무엇이 올라왔다.

또 하나 빼놓을 수 없는 것은 승기 동생 이야기다. 그날 설명회에 제일 먼저 와서 기다린 사람은 다름 아닌 동생 승연이었다. 승연이 역시 승기처럼 조금 어눌하지만 유난히 오빠를 따르는 승연이는 전날 오빠와 같이 밤새워 걱정했고, 퀴즈와 초코파이 상품은 바로 승연이의 아이디어라고 했다. 그날 맨 앞줄에 앉아서 오빠를 얼마나 자랑스럽게 쳐다보는지 또 얼마나 행복해하는지 옆에서 보는 사람조차 흐뭇했다.

그 흐뭇함의 정점은 퀴즈 타임이었다. 첫 번째 퀴즈는 '부사관은 군대에서 누구와 같습니까?'였다. 열심히 설명을 들은 나도 선뜻 답을 못 찾고 있을 때, 맨 먼저 손을 든 건 바로 동생 승연이었다. 오빠 승기가 수줍어하면서 답해보라고 하자, 승연이는 큰 소리로 "엄마"라고 대답했다. 그러자 승기가 "맞습니다."라면서 상품으로 초코파이를 교탁 밑에서 꺼내 던져주었다. 초코파이가 나오자 와~ 하는 함성과 함께 갑자기 분위기가 달아올랐다. 어째서 답이 '엄마'냐고 여기저기서 웅성거렸다. 나도 이해가 잘 안 되었다. 그러나 승기는 '군대는 가족과 같아서 사관이 아빠라면 부사관은 엄마와 같다'고 답하는 게 아닌가. 그렇다면 사병들은 자식들이 된다. 부사관의 역할과 위상을 나타내는 핵심을 찌르는 기막힌 비유였다. 아니, 승기가 그런 비유도 쓸 수 있었단 말인가.

몇몇 아이들은 고개를 끄덕이긴 했지만 더 많은 아이들이 고개를 갸우뚱거렸다. 그렇게 어려운 퀴즈를 어떻게 승연이가 그렇게 빨리 맞출 수 있는지 내가 보아도 '짜고 치는 고스톱' 같았다. 그러나 두 남매는 어찌나 진지하게 묻고 대답하고 초코파이를 던져주는지 웃음이 절로 나왔다. 그래도 그 자리에 있던 그 누구도 항의 한마디 하지 않았다. 마치 몇 년 전 유행했던 코미디 〈봉숭아 학당〉의 한 대목 같아 혼자 보기에 아까운 장면이었다.

(2012. 12.)

4.

# 만개의 돌

30년 만에 쓴 반성문 | 미아우 | 아침밥을 차려주는 여자
금박숫자 16개 | 만 개의 돌 | 《기생결》 이야기 | 일장추몽一場秋夢
천재의 열정 | 거리 두기 | 7센티의 존엄 | 별이 빛나는 밤

# 30년 만에 쓴 반성문

마흔셋 노총각 S가 장가가던 날, 오랫동안 기다려온 결혼을 축하해주는 듯 4월의 마지막 햇살은 눈부셨고 천지에 봄꽃이 만발했다. 말쑥하게 차려입은 신랑이 다소 들뜬 모습으로 하객들 사이를 성큼성큼 걸어와 내 앞에 섰다. 곧이어 그날만큼은 세상에서 제일 아름답다는 신부가 웨딩드레스 자락을 늘어뜨리고 아빠의 손을 잡고 음악에 맞춰 천천히 걸어와 신랑의 손을 잡았다. 드디어 한 쌍의 신랑 신부가 내 앞에 섰을 때 마치 내가 결혼하는 신랑 신부인 양 가슴이 떨리기 시작했다. 뒤편에 서 있던 하객들 사이에서 웅성거리는 소리가 들렸다. 주례석에 서 있는 사람이 여자였기 때문일까?

처음 서는 주례였다. 아무리 시대가 변했다 해도 여자 주례는 흔치 않아서 선뜻 승낙하기가 어려웠다. 요즘 같은 대명천지大明天地에 내놓고 남녀구분하지는 않지만 결혼과 같은 관습이나 의식의 밑바닥에는 엄연히 존재하고 있음을 부인할 수는 없기 때문이다. 그러나 그건 잠시였고, 정작 내가 망설인 것은 과연 내가 주례를 설 만한 삶을 살았나 하는 문제였다. 한 남자의 아내로서, 한 집안의 며느리로서, 두 아이의 엄마로서 역할을 잘 해왔는가? 무엇보다도 나 자신에게 부끄럽지 않은 인생인가? 짧은 순간이었지만 수많은 생각이 머리를 스쳤다.

법대를 졸업하고 고시 공부를 하던 그가 궁금하긴 했지만 소식 끊긴 지는 꽤 오래되었다. 그의 전화를 받은 건 아직 꽃샘추위가 기승을 부리던 지난 3월이었다. 도전과 실패를 거듭하면서 심신이 지쳤고 삶에 대한 희망도 희미해져 갈 무렵, 어렵사리 법률사무소에 일자리를 찾았고 아가씨를 만나게 되었단다. 수화기 너머로 들리는 그의 목소리는 여전히 수줍음이 가득했다. 결국 그 주례를 승낙한 것은 그가 아니라 순전히 그의 아버지 때문이었다.

30여 년 전, S와 나는 시골 중학교에서 담임과 학생으로 처음 만났다. 키가 작았던 그는 우등생이었지만 말수가 적고 순둥이여서 반에서는 그다지 존재감이 있는 건 아니었다. 학급일지를 꼼꼼하게 잘 썼고, 책임감이 강하여 교실 문단속은 맡아 놓고 그의 차지였다. 자연히 나는 그를 예뻐했고 그 역시 나를 무척 따랐다.

그러던 어느 날, 흰 두루마기를 입고 중절모를 쓴 남자분이 찾아오셨다. 지금 생각하면 그렇게 많은 연세는 아니었으나 서른이 채 안 된 나에게는 한학漢學을 많이 하신 점잖은 시골 양반이자 연세 지긋한 할아버지로 보였다. 검게 그을린 투박한 손으로 내 두 손을 덥석 잡으시면서 'S의 아비 되는 사람인데, 막내아들을 잘 가르쳐 달라'고 하셨다. 연로하신 어르신께서 딸 같은 젊은 여선생에게 깍듯하게 예의를 갖춰 어찌나 간곡하게 부탁하시는지 오히려 내가 황송할 지경이었다. 더 당황스러운 것은 꽉 잡은 내 손에 뭔가를 건네주시고 뒤돌아서 황급히 사라지셨다. 꼬깃꼬깃 접고 또 접어 가장자리가 닳아진 만 원짜리 한 장이었다.

그날, 나는 주례라기보다는 다시 담임 선생님이 된 기분으로 결혼이라는 인생의 새 출발을 하는 신랑 신부를 위해 짤막하게 주례사를 시작했다. 며칠 동안 잠 못 이루면서 힘들게 쓴 주례사였다.

서로 다른 환경에서 지내 온 두 사람이 부부라는 이름으로 시작하는 결혼생활에서 사랑의 시작은 서로 다름을 인정하는 것이고, 나와 다른 상대방을 이해하는 것이 사랑의 과정이며, 그래서 서로를 존중하는 것이 사랑의 완성이라고 했다. 인정하고 이해하여 존중하는 것이 바로 사랑이라지만 아는 것보다 실천하는 것이 어렵다는 것을 누구보다도 잘 알고 있기에 담임 선생님이자 인생 선배로서 말해주고 싶었다. 덧붙여서 최상의 자녀교육은 부모가 올바른 삶을 살아가는 모습을 보여주는 것이어서 지금까지 살아오면서 받아온 사랑을 바탕으로 선한 마음과 따뜻한 가슴, 부지런한 손길로 화목한

가정을 만들어 가기를 당부했다.

불과 4~5분 정도였을 주례사를 읽어 내려가는 동안 왜 그렇게 등에서 식은땀이 흘러내렸는지 모르겠다. 마치 여러 사람 앞에서 내가 지나온 날들을 고스란히 드러내놓고 나는 그렇게 살아왔노라고 고백하는 기분이었다. 멀리서 내 핸드백을 들고 서서 마누라의 주례사를 듣고 있는 남편은 무슨 생각을 하고 있을까. 정말 쥐구멍이라도 찾고 싶은 심정이었다.

주례하는 동안 신부의 손에 들린 부케가 한순간 파르르 떨리는 것을 보았다. 그 옛날 나처럼 그녀 역시 이 순간에 같은 생각을 하고 있음이 분명했다. 순간 그녀에게 뭐라 말할 수 없는 연민의 정이 느껴졌다. 그녀도 살아가면서 결혼이 희로애락喜怒哀樂의 연속이며 결코 만만치 않음을 깨닫게 될 것이다. '혼자 가는 길'의 편안함과 '함께 가는 길'의 편안함이 다르다는 것도 알게 될 것이다. 그래서 결혼은 확실히 인륜지대사人倫之大事임에 틀림없다는 것도 알게 될 것이다.

주례를 마치고 단상에서 내려오자 남편이 다가와 말없이 손을 잡아주었다. 긴장이 풀리면서 빨리 집에 가고 싶었다. 차창 밖의 햇빛은 여전히 찬란했고 나무들은 싱그러운 초록을 뽐내고 있었다. 주례를 선다는 것은 어쩌면 자신의 결혼생활을 되돌아보며 반성문을 쓰는 것일지도 모른다. '여보, 30년 만에 쓴 내 반성문, 받아 줄 거지요?' 집으로 오는 내내 끝내 말하지 못하고 입안에서만 맴돌던 한마디였다.

(2014. 5.)

# 미아우

'미아우'라는 말이 있다. 눈으로 봐도, 소리 내어 읽어도, 무슨 말인지 쉽게 알 수 없을 것이다. 짐승 울음소리라 해도 어느 동물인가 선뜻 알기는 힘들다. 우리에게는 '야옹'이라 들리는 고양이 울음소리가 서양 사람들에게는 '미아우'로 들리기 때문이다. 이탈리아 음악가 롯시니는 고양이 두 마리가 '미아우(miau)'라는 울음소리로 나누는 이야기를 〈고양이 이중창〉이라는 노래로 만들었고, 악보에는 온통 '미아우'라는 말만 썼다고 한다.

이 곡을 젊은 남녀가 부르면 어두운 밤 창가에서 부르는 사랑의 세레나데가 될 것이다. 중년 아줌마 둘이 부른다면 나른한 오후 거실에서 차 마시면서 지지고 볶는 수다로, 건장한 두 남자가 부른다면 술집에서 소리 높여 싸우는 소리일 수도 있다. 부르는 사람의 나이와 성별에 따라 많은 상상을 불러일으키는 묘한 곡이다.

그렇다면 소년 둘이 부른다면 무슨 생각이 들까. 그것도 이제 열 살 남짓한 소년들이 하얀 수도사 복장으로 목에는 나무 십자가를 걸고 가냘픈 목소리로 부르는 〈고양이 이중창〉은 상상을 초월하는 경이로움이었다. 세계 최고의 솔리스트로 구성된 보이 소프라노들이 만들어내는 지상에서 가장 아름다운 하모니라는 '파리 나무 십자가 합창단공연'을 운 좋게도 한 해가 저물어가는 12월 어느 날 밤에 감상하게 되었다.

고백건대 '보이 소프라노(boy soprano)'의 소리를 직접 들어본 것은 처음이었다. 성악하면 소프라노나 알토, 테너와 바리톤 정도만 알고 있던 나에겐 무척 생소했다. 막연히 소프라노 음을 여성이 아닌 남성이 내는 소리인가 추측했지만 그게 전부는 아니었다. 오히려 여성 소프라노보다 음색이 더 맑고 음역이 더 높으며, 더 섬세하고 투명하였다. 더구나 소년들이 변성기가 되기 전 짧은 기간 동안 일생에 단 한 번만 주어지는 소리라 하니 더 놀라웠다. 과연 천상의 소리였다.

합창단원은 10대 초반의 프랑스 소년들로, 정통 클래식에서 성가곡, 캐롤, 민요까지 다양한 장르로 익숙한 곡들이 대부분이었다. 무반주 아카펠라로 편곡하여 합창 사이사이에 단원 한 명 한 명의 절대 음감을 극대화시킨 독창 부분이 돋보였다. 솔로뿐 아니라 듀엣이나 트리오, 오중창으로 보이 소프라노의 진수를 제대로 보여주었다. 공연 내내 숨도 제대로 못 쉴 만큼 뭐라 표현할 수 없는 감동 그 자체였다.

연주곡 중 백미는 단연 가장 어린 소년 둘이 부르는 〈고양이 이중창〉이었다. 호기심 어린 두 소년이 다가올 자신들의 운명에 대해 두근거리는 가슴으로 다락방에 숨어 이야기하는 것처럼 들리기도 했고, 심술궂은 소년이 친구의 장난감을 빼앗아 돌려달라는 친구를 요리조리 피하면서 약 올리는 것 같기도 했다. 하얀 카나리아같이 맑고 고운 목소리, 피에로와 같은 우스꽝스러운 표정, 폭풍우 몰아치듯 빠른 템포와 봄날의 아지랑이처럼 느릿한 템포를 자유자재로 오가는 기교, 폭 넓은 음역으로 관중을 압도했다. 우리나라 십대 아이돌 공연을 방불케 하는 환성과 웃음소리가 끊이지 않았으나 표정 하나 몸짓 하나 음정 하나 흐트러지지 않고 집중하는 모습도 대단했다.

알고 보니 고양이는 상당히 넓은 음역을 가지고 있다고 한다. 특히 발정기의 암고양이는 음역이 더 넓어지면서 장시간을 단조롭게 반복하여 울어댄다고 한다. 그러고 보면 고양이의 울음소리는 그들만의 의사소통이자 종족번식이라는 중요한 발달과업을 수행하는 소리인 셈이다. 고양이를 반려동물로 기르는 사람도 있지만 깊은 밤에 고양이 울음소리를 들으면 기분이 나쁘고 오싹해지는 건 비단 나뿐만은 아닐 것이다.

몇 해 전, 아파트 생활을 청산하고 봉실산 자락으로 들어온 시골생활은 여러 면에서 녹록지 않았다. 깊은 산속 외딴집은 아니련만 밤이 되면 초저녁부터 온 동네가 불이 꺼지고 인적이 끊겨 적막강산이었다. 창문에 부딪히는 바람 소리나 개 짖는 소리도 무서웠다. 심심찮게 짐승 울음소리도 들렸는데 그중 제일 많이 들리는 건 바로 고양이 울음소리였다. 어쩔 때는 바로 방 앞에서 금방이라도 창문을 깨고 뛰어들 것 같아 문고리를 다시 잠그기도 하고, 어쩔 때는 꼭 아기 울음소리 같아 애잔한 마음에 잠을 설치기도 했다.

중국의 장자莊子는 고양이 마음, 즉 묘심猫心이야말로 학자들이 지녀야 할 최고의 품성으로 꼽았다는 TV강의를 들은 것은 바로 그즈음이었다. 고양이는 다른 어느 동물보다 호기심이 강하고 자존감이 높으며 고독을 즐길 줄 아는 고고한 동물이어서 학문의 자세로는 으뜸이라는 것이다. 그 뒤로 밤에 고양이 울음소리를 들으면 저건 호기심 때문인가 아니면 자존심이 세어서 홀로 고독을 즐기면서 우는 건가 상상하곤 했다. 그래도 깊은 밤의 고양이 울음소리는 언제나 유쾌하지 않았다.

그러나 〈고양이 이중창〉을 들으면서 무섭고 기분 나쁜 고양이 울음소리도 이렇게 아름다운 선율로 우리에게 감동을 주다니 고양이에 대한 선입견은 더 이상 가지지 말아야겠다고 다짐했다. 오히려 고양이의 호기심과 자존감을 배워 세상을 당당하고 고고하게 살고 싶다는 소망을 품게 되었다.

그날 밤, 집으로 돌아오는 차안에서 쉽게 가시지 않은 감동의 여운으로 불쑥 '미아~우' 하고 고양이 소리를 내보았다. 평소에 말수가 적은 남편이 뜻밖에 '야~옹' 했다. 터져 나오는 웃음을 참으며

'미~아우, 미아~우' 두 번 했더니 남편은 '야~~옹' 길게 답했다. 그만하자는 뜻인가 해서 "그만하자고요?" 하고 물어 보았더니 짧게 '야옹' 했다. 집으로 오는 내내 우리는 서로 계속 야옹거렸다. 봉실산 자락에 들어서니 사방은 어둠에 묻혀있고 추운 밤하늘에는 별이 총총했다. 어디선가 고양이 울음소리가 들릴 것 같은 겨울밤이 깊어가고 있었다.

(2013. 12.)

# 아침밥을 차려주는 여자

나는 드라마를 좋아한다. 그것도 우리나라 드라마를 좋아한다. 미국 드라마나 일본 드라마 같은 외국 드라마를 좋아하면 어쩐지 세련되고 교양이 넘쳐 보이고, 우리 드라마를 좋아하면 경박스러워 보이며 한가한 사람처럼 느껴질지 모른다. 그래도 나는 우리 드라마라면 장르를 불문하고 즐겨 본다.

행인지 불행인지 종편이 생기면서 채널마다 드라마가 넘쳐난다. 인기 있는 드라마는 종영된 지 오래되었어도 관심과 시간만 있으면 얼마든지 채널을 돌려서 찾아낼 수 있다. 재탕, 삼탕은 물론이고 하루 내내 연속 방영으로 몇 달에 걸쳐 방영되었던 드라마를 하루 이틀에 걸쳐 한 번에 볼 수도 있다. 방송사를 잘 선택하면 주중 내내는 물론이고 주말에도 몇 편씩 드라마를 볼 수 있다. 매일 출근하지 않는 사람이라면 아침 드라마도 즐길 수 있다. 가히 드라마 천국이다.

드라마는 등장인물, 줄거리, 배경과 음악 등이 합쳐진 일종의 종합예술이다. 막장 드라마도 있지만 때로는 감동으로 여운을 남기기도 한다. 그러나 게임이나 알코올처럼 중독성이 강하여 드라마도 한 번 빠져들면 쉽게 빠져나오기 힘들다. 더구나 드라마는 볼 때는 즐겁지만 정작 보고 나면 그때뿐이고 대부분 기억에 오래 남지 않는다. 감각적이고 찰나적인 영상의 속성상 자연스러운 현상일 것이다. 그래서인지 드라마에 빠지면 자연히 책과 멀어져 마음이 더 황폐해지는 느낌이다. 'TV는 바보상자'라는 말이 실감난다.

그래서 얼마 전부터 드라마 보는 것을 줄이기로 했다. 나 자신과 합의를 본 것이 주말 드라마 한 편이다. 주말 저녁은 최고의 황금시간대이고 다양한 연령층의 시청자를 의식해서 방송사마다 가장 심혈을 기울이기 때문이다. 주제도 따뜻한 가족 사랑이나 훈훈한 인간애를 그린 작품이 많다. 그때그때 가장 뜨거운 사회문제를 다루어 세상 돌아가는 흐름을 알 수 있고, 작가가 던진 문제에 대해 진지한 고민도 하게 된다. 작가가 제시하는 해결책을 놓고 남편과 티격태격 싸우기도 한다. 그래도 주말 저녁, 다 커버린 아이들이 떠나간 빈자리를 남편과 함께 저녁을 먹고 느긋하게 드라마를 보면서 이런저런 이야기를 나누는 편안함으로 채우게 되어 다행스럽기도 하다.

최근 주말 드라마에 〈왕가네 식구들〉이 방영되고 있다. 가족 드라마이고 주제는 한마디로 처妻월드이다. 지금까지는 시媤월드가 드라마 주제의 대부분이었다. 시월드는 시댁의 세계로, 고부 갈등이나 시댁 식구들로 인한 시집살이 이야기이다. 진부한 소재이긴 하나 쉽게 풀 수 없는 갈등의 원조로 드라마의 영원한 주제 중의 하나이다. 그러나 요즘은 시월드에 버금가는 새롭게 나타난 주제가 바로 처妻월드, 즉 처갓집 세계다. 드라마에서는 사업 부도로 어쩔 수 없이 처가에 들어와 사는 맏사위 이야기이다. 이유야 제각각이겠지만 처가살이하는 사람도 그만큼 늘어나 하나의 사회 현상이 되고 있다는 증거이다.

주제도 새롭지만 더 눈길을 끄는 것은 처가살이하는 남편에게 아무런 도움이 되지 않는 아내라는 인물이다. 반반한 외모에 딸 넷 중 맏딸로 엄마의 지독한 편애를 받고 자란 그녀는 처녀 때 미스코리아에 나간 것을 최대의 자산으로 알고 평생을 살아간다. 한 남자의 아내이자 두 아이들의 엄마로서 기본 책무를 망각하고 툭하면 '나 미스코리아에 나갔던 여자야.'를 입에 달고 산다. 재기의 몸부림으로 택배 일을 힘들게 하는 남편에게 위로는커녕 집안일을 팽개치고 투정과 신세 한탄, 허영과 사치로 소일한다. 더구나 홀로 사는 시아버지에게 하는 행패는 정말 저런 며느리가 있을까 하는 분노를 일으키게 한다. 도저히 이해가 안 되는 이런 행동은 내가 미스코리아까지 나간 여자인데 이렇게 대접받아서는 안 된다는 의식이 뼛속까지 박혀있기 때문이다.

물론 드라마에서는 재미있게 하려고 과장된 측면도 있지만 주말에 남편과 같이 보다 보면 민망할 때가 한두 번이 아니다. 그러나 그렇게 일그러진 모습으로 살아가는 여자가 분명히 존재하고, 여자들에게는 누구나 그런 욕망이 잠재되어 있는 것은 아닐까. 어쩌면 나도 모르는 내 안의 나도 그럴지도 모른다는 생각에 씁쓸하다. 그래도 솔직히 그런 여자를 보면서 한편으로는 나 스스로 위안을 삼기도 한다. 그런 위안은 이 땅의 선량한 여자들에게 작가가 주는 작은 선물일지도 모른다.

예로부터 우리 조상들은 마음씨, 솜씨, 맵시를 여자가 갖추어야 할 최고의 미덕으로 여겼다. 옛날 농경사회에서는 한 집안의 어머니에게는 넉넉하고 바른 마음씨와 음식 잘 만들고 바느질 잘하며 살림을 잘하는 솜씨가 무엇보다 필요했을 것이다. 또한 한 남자의 아내로서 여성의 매력은 단연 맵시에서 나올 것이니 지극히 맞는 말일 것이다.

그러나 시대가 바뀌고 사회가 발전하면서 과연 지금도 마음씨, 솜씨, 맵시가 여성의 최고의 미덕인가는 생각해 볼 여지가 있다. 음식도, 옷도, 살림도 남이 대신할 수 있어 솜씨가 안 좋은 여자도 큰소리치는 세상이다. 맵시 또한 성형수술이나 다이어트 등으로 얼마든지 만들어 낼 수 있다. 다만 마음씨는 그 누구도, 그 무엇으로도 대신할 수 없으니, 여자가 갖추어야 할 최고의 미덕은 마음씨 하나만으로 충분하지 않을까. 그래서 "…얼굴만 예쁘다고 여자냐, 마음이 고와야 여자지…"라는 유행가도 있지 않은가.

아침을 건너뛰는 사람도 많고, 빵이나 우유 같은 간편식으로 아침을 해결하는 사람이 많은 요즘 같은 세상에 따뜻한 밥과 국으로 아침을 차려준다는 것은 많은 의미를 지닌다. 단순히 식사를 챙긴다는 의미를 넘어 가족의 사랑을 챙긴다는 의미로 그것은 바로 솜씨도 맵시도 아닌 마음씨에서 나오기 때문이다.

수준의 차이는 있겠지만 주부로서 집안 살림을 나 몰라라 하지 않았고, 정도의 차이는 있겠지만 아내로서 엄마로서 소임을 다하고자 노력했다. 맛에는 자신 없지만 적어도 아침밥 차려주기를 게을리 하지는 않았다. 드라마를 보면서 지금까지 직장생활로 인한 가사의 소홀함과 미숙함에 주눅 들어있던 나 자신에게 한마디 해주고 싶었다. 비록 미스코리아에는 나가보지 못했지만 '나는 아침밥을 차려주는 여자야!'라고.

오늘 아침에도 시간에 쫓겨 정신없이 아침 식사를 준비하면서 이 땅의 남자들에게 외쳐보고 싶다. "그래, 나 아침밥을 차려주는 여자야. 맛없다고 투정하지 말라고요."

(2013. 11.)

# 금박숫자 16개

오늘 아침도 많이 종종거렸다. 두 아들이 중 · 고등학생 시절에는 아침이 언제나 바빴다. 멀리 통근도 했지만 도시락 반찬 때문이었다. 반찬 메뉴가 늘 걱정이고 요리가 익숙하지 않아서 시간도 많이 걸렸다. 10분만 일찍 일어나도 아들이 좋아하는 반찬을 해줄 수 있는데 그게 잘 안 되었다. 학교급식이 되면서 아이들 도시락으로부터 아침이 해방되었을 때 이제는 더 이상 종종거리지 않아도 되겠다 싶어 너무 좋았다.

그러나 사람은 참 간사한 동물이다. 불과 한두 달이 지나면서 또다시 아침에 종종거렸다. 집 가까운 학교로 옮겨왔어도 아침은 여전히 바빴다. 더구나 두 아들이 대학생이 되면서 모두 우리 곁을 떠났어도 아침 출근 준비는 언제나 부산했다. 아무리 아침을 간단히 먹어도, 아니 아예 먹지 않고 건너뛴다 해도 이 땅의 모든 직장인에게 아침은 숙명적으로 바빠야 하는지도 모르겠다.

아침이 바쁘면 미처 못 챙기는 것이 늘 생긴다. 오늘 아침에도 한참을 뭉그적거리다 겨우 일어나 주방에 들어간 순간, 어제 퇴근 때 자동차 휘발유 경고등이 들어온 게 생각났다. 준비성이 부족하다느니, 출근길에 주유하라느니 잔소리 들을 각오를 하면서 아직 달게 자고 있는 남편을 깨웠다. 아침 먹기 전에 가까운 주유소에 다녀와 달라고 부탁했다. 못 들은 체하거나, 뭐라 한마디 투덜대면서 마지못해 해주리라는 예상을 깨고, 순순히 일어나서 자동차 열쇠를 챙겼다. 무언의 침묵이 더 불안했다.

여하튼 아침을 다 차리기도 전에 휙 다녀온 남편은 자동차 열쇠를 나에게 건넸다. '이제 남편도 나이 들어 잔소리할 힘이 없나?' 싶기도 하고, 늘 동당거리는 마누라가 안쓰러워 보였나 싶었다. 그러나 이내 안심하기는 아직 이르다 싶었다. 출근하려고 현관을 나설 때 문득 신용카드를 남편에게 준 게 생각났다. 현관에서 '내 카드 주라'고 외쳤다. 아무런 답이 없어 더 큰 소리로 외쳤다. 그래도 말이 없어 방으로 갔다. 남편은 여기저기를 두리번거리며 "아무리 찾아도 없네. 주유할 때 꽂아놓고 그냥 왔나 봐."라고 힘없이 말했다. "그래? 그럼 빨리 거기 다시 가 봐야지."라고 일부러 아무렇지도 않은 척

말하는 나 역시 속으로는 걱정과 불안이 몰려왔다.

10여 년 전에도 카드를 잃어버린 적이 있다. 그때는 한나절 이상 카드가 없어진지도 몰랐고, 분실을 알았을 때는 이미 늦은 밤이었다. 카드회사에 전화해도 ARS 자동응답기만 작동되었다. 우여곡절 끝에 비상 근무자와 연락되어 겨우 분실신고 접수는 했지만, 문제는 분실 카드의 무단도용이었다. 요즘처럼 카드 결제 내용이 바로 안내되는 시대가 아니어서 정말 갑갑했다. 나중에 보니 분실된 내 카드로 누군가 불법 사용을 했고, 실제 손실도 고스란히 내가 감수했던 기억이 새록새록 떠올랐다.

여하튼 카드가 분실되면 카드번호를 알아야 신고할 텐데, 새로 발급받은 지 얼마 안 되어 미처 카드번호를 메모해 놓지 않았다. 그렇다면 신고 절차가 더 복잡할 거라는 생각에 주유소까지 가는 길이 너무 멀게 느껴졌다. 교차로 신호등을 어떻게 통과했나 모르겠다.

주유소에 도착해서 허겁지겁 주유기 쪽으로 뛰어가는 남편의 희끗한 머리칼과 구부정한 허리춤이 그리고 주름이 사라진 펑퍼짐한 바지통이 영락없는 60대 할아버지였다. 저 희끗한 머리칼도 젊은 날에는 장발까지는 아니어도 제법 멋스럽게 휘날렸고, 저 구부정한 허리도 아침마다 아령을 몇 십 번씩 들어 올렸으며, 저 주름 없이 펑퍼짐한 바지통도 일자로 날을 세워 다림질을 하곤 했었다. 그러고 보니 깃을 빳빳이 세운 와이셔츠에 넥타이 매고 아침 출근하는 모습을 본 지도 꽤 오래된 듯했다.

잠시 옛 생각에 빠져있던 나에게 남편은 다소 상기된 모습으로 뭔가를 불쑥 내밀었다. "아, 글쎄, 당신 카드가 주유기 위에 얌전히 놓여 있더라고. 누가 가져가지 않다니 참 다행이야. 그러고 보면 우리나라 참 좋은 나라야. 사람들도 다 착해."라고 싱글벙글했다. 맞다. 정말 카드가 없어지지 않고 누구라도 볼 수 있는 곳에 온전하게 그대로 놓여있다니, 남의 물건에 손대지 않는 우리나라가 바로 선진국이다 싶었다. 아니, 학창시절 책으로만 익혔던 성선설이니, 성악설이니 하는 논란도 우리의 빛나는 시민의식 앞에서는 맥을 못 추나 싶었다.

기분 좋게 출근해서 아침에 동료들과 차를 마시면서 그날 아침 카드 사건을 이야기 했다. 맹자도 아리스토텔레스도 우리나라에서 이 시대를 살았으면 성악설을 주장하진 못 했을 거라고 너스레를 떨었다. 그때 한 선생님이 불쑥 한마디 하셨다. "아니에요. 성선설도 성악설도 다 안 맞아요. 그 카드요, 흑심 먹고 가져가 쓸려고 해도 쓸 수가 없어요. 분실카드로 신고 되면, 다 추적이 가능하거든요. 무용지물이지요."

그러고 보니 정말 신용카드는 이미 우리의 일상에 너무 깊숙이 들어와 있었다. 누군가의 잃어버린 카드는 타인에게는 쓸모없는 플라스틱조각일 뿐이다. 길가에서 주웠어도 현금인출은 비밀번호를 몰라서 사용할 수 없고, 도처에 설치된 CCTV로 얼마든지 주운 카드를 가져간 사람을 찾아낼 수 있다고 한다. 남의 카드는 그저 '그림의 떡'일 뿐 아무 쓸모가 없는 우리 사회의 선진 시스템인 것이다.

어쩌면 카드는 더 이상 우리에게 성선설과 성악설의 논쟁을 허용



금박숫자 16개

하지 않는다. 우리 스스로가 선과 악을 구분할 필요도 없고, 선악의 가치판단조차도 시스템에 끌려가는 현대문명의 노예일지도 모른다. 그래서 헉슬리는 2545년 인류사회는 과학문명의 과도한 발전으로 인간성을 상실한 채 노화와 질병으로부터는 자유로워지고 경제적 궁핍도 사라지지만 인간의 자유로운 의지는 말살되고 마는 그야말로 '멋진 신세계'가 될 거라고 예언했는지도 모른다. 그 멋진 신세계 2545년은 앞으로 500년 뒤가 아닌 지금 당장 우리 앞에 와 있는 듯했다.

그날 내게로 온 카드는 다시 내 지갑에 꽂혀 어느 때라도 꺼내 써달라는 듯 울퉁불퉁하게 솟아난 카드번호 16개의 금박 숫자를 뽐내고 있었다. 그 숫자는 마치 나의 생체 비밀과 모든 생각, 모든 행동을 다 알면서도 오롯이 혼자만 간직한 채 지갑에서 말없이 거만하게 지켜보고 있는 듯했다. 그 반짝이는 금박 숫자가 '나'라는 인간의 주인인지, 그 카드를 가진 내가 주인인지 헷갈리는 아침이었다.

(2020. 7.)

# 만 개의 돌

올여름은 유난히 덥고 길다. 초봄부터 '코로나 19'가 조금씩 바꾸어 놓은 일상이 펜데믹 되면서 더 흐트러져 혼란스럽다. 그사이 장맛비조차 한꺼번에 쏟아져 여기저기서 물난리가 났다. 가족을 잃는 슬픔과 한순간에 집이 떠내려가는 아픔도 컸고, 마을 전체가 물에 잠기고, 지붕 위의 소들을 보면서 절망과 안타까움으로 편치 않았다. 전염병과 자연재해의 위력을 보면서 인간의 미약함에 한없이 초라함을 느끼는 우울한 날의 연속이다.

여느 해 같으면 산으로 바다로 휴가 떠나는 사람들로 북적였을 터지만 올해는 휴가라는 말조차 호사스럽게 들린다. 여름방학도 딱 일주일이고, 나에게 주어진 휴가는 단 이틀이었다. 여름휴가라 할 것도 없지만 그래도 이 어려운 시국에 출근하지 않아도 되는 것이 고마웠다. 정작 휴가지만 무엇을 해야 할지 막막했다. 멀리 있는 자식을 부르기도 그렇고, 가족 아닌 누구랑 같이 가자고 하기도 어려워 남편과 둘이 홀가분하게 맛있는 거나 먹고 경치 좋은 곳에서 쉬다 오자고 의견을 모았다.

느긋하게 일어나 아침을 먹고 무작정 차에 올랐다. 딱히 가고 싶은 곳도 없어 발길 닿는 대로 가려다 그래도 여름이니 바다를 보자고 했다. 두말없이 남편은 서해안 고속도로를 탔다. 한참 달리다 보니 부안 고창 표지판에 '선운사'라는 작은 글씨가 보였다. 선운사는 초임이던 해리중 시절, 해마다 봄, 가을에 소풍 갔던 곳이고, 여태까지 살면서 여러 번 갔던 곳이라 그냥 지나치기로 했다.

선운사를 지나 해안도로를 달렸다. 동쪽으로 선운산을 끼고 서쪽으로 제법 넓은 들녘이 이어졌다. 들녘 끝으로는 바로 서해였다. 멀리서 바다가 광활함과 푸르름과 평화로움으로 우리를 유혹하고 있었다. 달리다 보니 길가에 '만돌'이라는 표지판이 보였다. '만돌'이라는 마을 이름에서 풍기는 촌스러움과 푸근함에 이끌려 우리는 누가 먼저라 할 것 없이 의기가 투합되어 그곳으로 핸들을 돌렸다.

큰 도로에서 마을까지는 꽤 들어가야 했다. 해안가라는 믿겨 지지 않게 네모반듯한 논들이 끝없이 이어졌고, 푸른 들판 사이사이의 논길도 아스팔트 2차선이었다. 마을 안 골목길과 집 안마당까지 모두 시멘트로 포장되어 깨끗했고, 지붕과 담장들이 알록달록 예쁘게 페인트 칠 되어 있었다. 몇 년 전 일본 여행 때 느꼈던 바로 선진국의 부유한 농촌 마을이 내 눈앞에 펼쳐져 있었다. 어릴 적 가난했던 고향의 농촌 마을이 아니었다. 구석진 바닷가마을까지 이렇게 발전되리라고는 꿈에도 생각지 못했다.

마을이 끝나는 길목이 바로 바닷가였다. 물이 빠져 넓은 모래 갯벌이 허옇게 드러나 있었고, 수많은 괭이갈매기 떼가 먹이를 찾아 무리 지어 꽥꽥거렸다. 수평선 너머에 크고 작은 바위섬이 있었고 더 멀리 아주 작은 점처럼 보이는 곳이 '위도'라 했다. 만돌해변은 느리게 구부러져 곰소만을 만들면서 변산반도로 이어졌는데, 드넓은 갯벌과 반듯반듯한 들판에서 나는 해산물과 농산물이 넘쳐나 한눈에 보아도 풍요로워 보였다. 그래서 만개의 굴뚝이 있을 만큼 대대로 많은 사람이 살았고, 마을 이름도 '만돌'이라고 했다.

만돌 갯벌에는 백합, 조개, 바지락, 고동, 칠게, 범게, 달랑게 등 수많은 조개류와 김, 미역 등 해조류와 토종고래인 귀여운 상괭이도 살고 있었다. 쇠제비 갈매기, 검은머리물떼새들의 쉼터이자 먹이터로 온갖 바다 생물의 공생 현장이었다. 또 그곳은 조상들이 비릿한 바다내음과 함께 갈매기들의 울음소리를 들으며 더불어 살아가는 삶의 터전이자, 자연과 인간이 상호 존중하는 생명의 존엄이 빛나는 현장이었다.

남편과 손잡고 말없이 수평선을 바라보았다. 허옇던 갯벌에 조금씩 바닷물이 밀려왔다. 이리저리 부지런히 갯벌을 기어다니던 수

많은 게와 조개들은 밀려오는 파도에 어떻게 살아남을까. 바위에 딱 달라붙어 살아남거나 아니면 세찬 물결에 휩쓸려 멀리 내쳐지겠지. 밀물과 썰물이라는 불가역적 자연 앞에 우리 인간 역시 게와 조개 같은 한낱 미물이 아닐까. 지금껏 갈등과 번민으로 치열하게 살아온 세월 또한 도도한 역사의 흐름에 그저 아주 작은 점 하나로 찍혀지지 않을까.

아주 먼 훗날 누군가가 우리를 기억이나 해 줄까. 우리가 이 순간 치열하게 고민하고 갈등하는 사랑과 이별, 부유함과 가난함, 늙음과 젊음 같은 것들을 이해할 수 있을까. 우리는 무엇을 남기고 갈 수 있을까. 아니 애써 뭔가를 남긴다 해도 세월의 파도에 밀려왔다 밀려가면서 모두 다 사라지는 것은 아닐까. 그리고 언젠가는 잊혀질 지금 이 순간이 아닌가.

문득 옆에서 말없이 앉아있는 남편의 주름진 얼굴과 반백의 머리칼이 알 수 없는 서글픔으로 다가왔다. 돌이켜보면 나는 내 일에 쫓기어 늘 불평불만을 입에 달고 살았다. 맞벌이라는 이유로 너무 당당하게 남편이 집안일에 동참해 주길 원했다. 고백건대 내가 먼저 남편의 마음을 헤아려 본 적이 그리 많지 않았다. 오히려 남편은 맏며느리로 시부모를 모시고 산다는 이유로 내게 늘 미안해했고, 솜씨와 정성이 부족한 밥상에도 군소리 한번 없었다.

더구나 직장에서 남 앞에 자주 서는 마누라가 행여 실수라도 할까 봐 말씨와 표정, 옷차림에 신경을 많이 써 주었다. 바쁜 아침, 겨우 가족들 아침을 차려주고 정작 나는 아침을 건너뛰고 옷매무새도 돌아볼 겨를 없이 허겁지겁 바쁘게 출근하는 모습을 남편은 안타까워했다. 나는 오히려 남편의 그러한 관심을 간섭이라 생각하여 투덜대곤 했다. 말로는 나를 이기지 못했던 남편이 '배 타고 가다가 배가 뒤집히면 아마도 배에 탄 사람이 모두 물에 빠져도 내 입은 동동 물 위에 뜰 거야. 그래서 그 입으로 여전히 쫑알댈 거야.'라고 서운한 마음을 에둘러 했던 말이 떠올랐다. "저 바다 한가운데서도 내 입은 동동 뜰까?" 불쑥 남편에게 물었다. "무슨 소리야, 수영도 못하는 당신이 입만 어떻게 바다에 뜨는데?" 그래, 남편은 그 말을 잊고 있었던 게다. "아, 맞아. 왜 입만 뜨겠어? 그냥 내가 통째로 가라앉겠지?"라고 얼른 말머리를 돌렸다.

어느새 바닷물이 발밑까지 밀려왔다. 그 많던 갈매기도, 조개 캐던 아낙들도 어디론가 사라지고 석양에 물든 붉은 파도만 철썩거렸다. 해안 따라 늘어서 있는 해송들의 향긋한 솔 내음이 스미어 붉은 바닷가에 가득했다. 그날 나에게 '만돌'은 만 개의 굴뚝이 아니라 만 개의 추억과 함께 만 개의 회한을 안겨준 먹먹한 하루였다.

(2020. 8.)

# 《기생결》 이야기

영화 〈기생충〉이 세상을 떠들썩하게 하고 있다. 지난해 5월 개봉 이후 최근 아카데미 오스카상 4관왕을 휩쓸면서 그 열풍이 식을 줄 모른다. 우리나라는 물론이고 전 세계가 마치 기생충 왕국이 된 듯하다. 문화강국으로서 높아진 한국의 위상에 어깨가 들썩이기도 하고, '봉준호'라는 세 단어로 상징되는 인간과 삶, 그리고 미래 사회와 창의성에 대해 다시 생각하게 한다.

봉준호는 젊은 시절에 영화에 미쳤고, 수많은 실패를 거듭하면서 고집스럽게 그만의 독특한 영화 세계를 만들어 왔다는 이야기는 이미 잘 알려진 사실이다. 예리한 시대정신과 이야기를 펼쳐가는 기발한 아이디어, 섬세한 연출도 뛰어난 점이지만 나에게 그가 특별함으로 다가오는 건 순전히 그가 지닌 인간적인 매력 때문이다.

옛사람들은 이상적인 최고의 인간형으로 문사철文史哲을 통한 이성과 시서화詩書畵를 통한 감성을 겸비한 사람을 꼽았다고 한다. 요즘 말로 풀어본다면 문학, 역사, 철학을 전공 필수로 하고 시, 서예, 그림을 교양 필수로 겸비한 사람을 가리키는 말 일게다. 당나라 때는 '신언서판身言書判'을 천부적 혹은 후천적으로 갖추어야 할 최고의 인간형으로 꼽고, 관리 선발 기준으로 삼았다는 것 또한 널리 알려진 역사적 사실이다.

봉준호. 그는 엉뚱하고 창의적이며, 완벽함과 치밀함을 겸비한 사람으로, 큰 덩치에 어울리지 않게 아주 작은 역할을 하는 보조 출연자의 이름까지도 기억하고 불러주는 따뜻함을 지녀 '봉테일'이라 불렸다 한다. 더구나 말이나 글로 쓰기 어려운 장면이나 시나리오를 재미난 만화로 그려 배우들의 작품에 대한 이해와 연기를 도왔다 하니, 옛사람들이나 당나라에서도 주저하지 않고 그를 최고의 이상적인 인간으로 뽑았을 성싶다.

그의 오스카상 수상소감은 위트와 배려, 솔직과 겸손으로 감동, 그 자체였다. 대학 시절에 읽은 '가장 개인적인 것이 가장 창의적이다.'라는 한 구절이 바로 자신의 영화 철학이라고 소개하며, 즉석에서 책의 저자이자 백발 노장이 된 세계적인 영화감독에게 존경과 찬사를 보내기도 했다. '시카고 전기톱으로 오스카상을 5등분 해서 나누어 주고 싶다.'는 그의 말은 기발함의 극치이자 그가 한국인임에 무한 자긍심을 가지게 했다.

해마다 이때쯤 학교는 졸업 시즌이다. 빛나는 졸업장과 꽃다발을 가슴에 안고 마땅히 축하받아야 할 터이지만 '코로나19'로 인해 올해 졸업식 풍경은 삭막했다. 부모님들은 학교 안으로 못 들어가고 추운 운동장에 있어야 했고, 졸업생 하나 하나에게 직접 수여했던 졸업장도 대표 학생 한 명에게만 수여했다. 그것도 유튜브 생중계로 대신하여 쓸쓸함과 아쉬움을 금할 길 없었다.

그래도 언제 어떻게 준비했나 아이들이 몰래카메라로 찍은 3년간의 학교생활 이모저모와 선생님들의 의도치 않은 코믹한 수업 장면 동영상은 많은 웃음을 자아냈다. 특히 선생님들이 실수하고 계면쩍어하는 장면만 모아 시원하게 한 방을 날리는 아이들의 기발함에 혀를 내둘렀다. 입학할 때는 계셨으나 다른 학교로 전근 가신 선생님들을 찾아 일일이 인터뷰한 영상도 가슴을 훈훈하게 했다.

교육청에 있다가 오랜만에 돌아온 학교 현장이 달라졌으리라 짐작은 했지만, 정작 지난가을 과학고에 부임했을 때 상상 이상으로 너무나 많이 변화된 모습에 적잖이 긴장했다. 조기 졸업, 조기 진학, 과학실험연구와 발명 활동, 전원 기숙사 생활 등등 대부분의 교육과정이 일반고와는 다른 특목고만의 특성들이어서 나에겐 부담으로 다가왔다.

그러나 아이들의 수학, 과학에 대한 애정과 투지, 문제해결 능력은 놀라웠다. 여고 시절, 수학, 과학에 젬병이었던 나는 고난도 수학

문제를 척척 풀어내고 까다로운 과학실험도 여유만만하게 해치우는 아이들이 놀라움을 넘어 부럽기조차 했다. 밤늦도록 실험실에서 머리를 맞대고 토론하는 모습 또한 미래의 스티브 호킹, 미래의 퀴리 부인이었다.

놀라움의 극치는 아이들이 만든 교지였다. 원래 교지 이름《결》과 영화 〈기생충〉을 합성하여《기생결》이 만들어진 것이다. 표지도 〈기생충〉 영화 포스터를 패러디했다. 기생충 주인공(송강호 분) 얼굴을 '아인슈타인'이라 불리는 흰머리 수학선생님 얼굴로 바꾸고 검은색 테이프로 눈가림을 했다. 출연진 배우명에는 교지제작부 학생 이름이, 제공/배급은 전북과학고로, 대개봉 일시는 졸업식 날인 2월 7일이었다. 정말 대단하지 않은가. 제2, 제3의 봉준호, 아니 수많은 봉준호가 교지《기생결》안에 있었다.

일찍이 김구 선생은 "……자연 과학의 힘은 아무리 많아도 좋으나 인류 전체로 보면 현재의 자연 과학만 가지고도 편안히 살아가기에 넉넉하다. ……그러나 오직 한없이 가지고 싶은 것은 높은 문화의 힘이다."라고 일갈하셨다. 과학은 생활을 편리하게 해주지만 문화는 삶을 풍요롭게 만든다는 점을 김구 선생은 이미 갈파하고 계셨음이 분명하다.

우리 아이들이 살아갈 미래 사회는 과학과 문화의 융합으로 상상하기조차 힘든 멋진 신세계가 될 것이다. 그날 밤 나는 '내년엔 아이들의 넘치는 호기심과 탐구력을 어떻게 키워줘야 할까.', '내년 교지는 무슨 이야기가 나올까.', 아…. 무엇보다도 '또 다른 미륵산 봉준호는 어떤 모습으로 나타날까.' 등등 끝없는 기대를 불러일으키는 즐거운 고민에 밤이 깊어가는 줄 몰랐다.

(2020. 2.)

# 일장추몽一場秋夢

3층 사무실 창밖으로 보이는 하늘이 흐릿하다. 장마철도 아닌데 금방이라도 쏟아질 듯 비구름이 가득하다. 어디선가 한 줄기 햇빛이 나타나더니 구름 사이로 부채꼴 모양으로 퍼져 나간다. 이쪽은 아직도 어둑한데 저쪽은 점점 환해진다. 햇빛에 반사되어 구름이 모습을 드러낸다. 천천히 아주 천천히 구름이 움직인다. 조개 모양이 되었다가 송편 모양이 되었다가 시시각각으로 변하면서 어디론가 끊임없이 흘러가고 있다.

구름 모자를 쓴 산봉우리들이 어슴푸레 윤곽을 나타낸다. 기린

봉이 손에 잡힐 듯 가깝다. 조금 멀리 학산이 보이고, 더 멀리 모악산까지 보인다. 어둑한 하늘 아래 높고 낮은 산봉우리들이 끝없이 이어진다. 거대한 산맥 같다. 구름이 산봉우리에 걸쳤다가 흩어진다. 네모난 창 안에서 구름과 산들이 마치 느리게 돌아가는 동영상 화면 같다.

산봉우리 아래로 크고 작은 집과 학교, 교회, 병원이 보인다. 회색 콘크리트 건물과 갈색 벽돌집, 검은 기와지붕, 빛바랜 파란 함석지붕이 끝없이 이어진다. 건물 사이로 전신주와 늘어진 전선들이 우중충하고 을씨년스럽다. 사무실 앞 큰 도로에 쉴 새 없이 차들이 오간다. 가로수도 보인다. 며칠 전만 해도 노랗고 빨간 단풍을 자랑하더니 어느새 낙엽이 지고 앙상한 가지만 남아 쓸쓸함을 더해준다. 가을의 끝자락이자 늦가을, 만추晩秋다.

지금쯤 그 숲의 단풍은 아마 절정일 것이다. 교문 올라배기부터 교정 뒤 산으로 연결되는 작은 동산이 온통 아름드리 단풍나무 천지였다. 여름 한낮에는 전국 최고치로, 겨울 아침에는 아침 전국 최저치로 종종 방송을 타는 것을 보면 고산 지대가 아니어도 유난히 기온차가 심해서일까. 다른 곳보다 조금 늦게 물들고 더 오래가는 그곳 단풍은 언제부터인가 학교의 명물이 되었다.

발그스레한 단풍부터 새빨간 단풍까지, 노르스름한 단풍에서 샛노란 단풍까지 그리고 군데군데 주홍 단풍이 박혀있어 어떤 화가도 그릴 수 없는 알록달록한 단풍이 다 모이곤 했다. 맑은 날 햇빛을 받으면 단풍은 더욱 찬란했다. 어쩌다 땅 가까이에 내려뜨려진 단풍

가지를 끌어당기면 어느새 사람과 단풍이 하나가 되었다. 단풍 사이로 보이는 푸른 하늘이 눈부셨다. 청량한 가을 하늘, 오색 단풍, 따뜻한 가을 햇살은 황홀함, 그 자체였다.

황홀함은 단풍나무 아래 국화 밭으로 이어진다. 전 교정에 흩날리는 국화 향에 끌려 점심시간이면 아이들이 모여들었다. 무리 지어 피어있는 국화 송이 위로 꽃등에가 날아다녔다. 재잘거리는 아이들의 웃음소리와 꽃등에의 윙윙거리는 소리에 마음이 따뜻해졌다. 그토록 숨 막히게 아름다운 가을은 인간이 도저히 만들어 낼 수 없는 그야말로 '신의 한 수'였다.

그 신의 한 수에 반해서 단풍나무 아래에서 '가을밤 숲속 작은 음악회'를 열었다. '국화와 단풍에 물들다'라는 주제로 사진전도 열었다. 작은 시골 학교 교정에서 가을밤에 울려 퍼지는 금관악기의 선율을 들으며 아이들은 무슨 생각을 했을까. 사진에 찍힌 노란 단풍나무 그늘 아래 여드름이 툭툭 불거졌던 순박한 남학생의 앞날은 어떤 미래가 기다리고 있었을까. 국화 향에 취해서 국화 밭에서 꽃등에를 찾던 청순한 여학생의 꿈은 무엇이었을까. 그 순박했던 아이들보다 더 순박한 사랑으로 가르쳤던 선생님들은 지금은 어디에 계실까.

"나를 키운 건 8할이 바람이었다."라고 한 어느 시인의 고백처럼 나는 감히 그곳 아이들이 먼 훗날 '나를 키운 건 8할이 단풍이었다.'라고 고백해주길 바란다. 시인을 키운 '바람'이 젊은 날의 방황과 시련이라면, 그 아이들을 키운 '단풍' 역시 단풍 숲 아래에서 키운 젊은 날의 순수한 꿈이어야 한다고 믿었다.

끝없는 생각들이 꼬리를 문다. 나른해진다. 단풍과 국화, 꽃등에, 웃음소리, 트럼펫 소리들이 한 덩어리가 되어 열기구처럼 두둥실 떠오른다. 높이, 더 높이 올라간다. 아름다운 시절이 점점 멀어져간다. 아득히 멀어진다 했더니 이내 사라져 버린다. 무정한 하늘에는 어느새 먹구름이 가득하다.

갑자기 빗방울이 후두둑 떨어진다. 거리에도 지붕에도 산봉우리에도 비가 내린다. 바람 소리도 요란하다. 어슴푸레 보이던 산들이 사라졌다. 비구름이 산들을 덮어버린 것이다. 늦가을에 내리는 비치고는 많이 내린다.

일장춘몽一場春夢이라고 한바탕 꾸는 봄날의 꿈은 덧없다고 한다. 그렇다면 가을날 꾸는 꿈 역시 일장추몽一場秋夢으로 덧없는 것일까. 그토록 황홀했던 단풍도, 찬란했던 가을 햇살도, 꽃등에 찾던 순박했던 아이들도, 모두 부질없는 한바탕 꿈이었을까. 설령 꿈이었다 해도 그토록 아름다운 가을날이 나에게 있었다는 사실만으로도 고마울 뿐이다. 이 비가 그치면 많이 추워질 것이다.

(2013. 11.)

# 천재의 열정

한동안 밤잠을 설치며 온 국민이 함께 울고 웃던 벤쿠버 동계 올림픽이 드디어 끝났다. 벌써 2주 가까이 지났지만 방송이나 신문, 인터넷에서는 아직도 인기가 식을 줄 모른다. 처음에는 경기 결과에 환호했고 메달을 딴 선수들의 일거수일투족에 열광했으나 시간이 흐를수록 어떻게 우리 젊은 선수들이 그렇게 놀라운 성적을 거둘 수 있었는가 또 그 결과가 우리 사회에 미치는 영향이 무엇인가 등등 우리 사회의 모든 분야에서 그 의미를 되새겨보는 기회를 주었다.

교육 현장도 예외는 아니다. 입학식에서도, 조회 시간에도, 수업 시간에도, 학생들 대화에서도 절대 빠지지 않는 토픽이다. 금벅지, 꿀벅지를 자랑하는 선수나 시상대에서 시건방춤을 춘 선수들에 대한 관심도 대단하지만 김연아 선수에 대한 관심은 단연 최고이다. 매스컴에서 분석한 김연아는 세계 최고의 기술, 천부적인 음악성, 풍부한 표현력, 강인한 체력, 흔들리지 않은 정신력, 강심장을 지닌 '피겨 천재'라고 한다.

천재는 보통 사람에 비해 선천적으로 뛰어난 정신 능력을 가진 사람을 말한다. 에디슨은 "천재는 99%의 노력에 1%의 영감(재능)으로 이루어진다."라고 말한 바 있다. 하지만 그는 요즘 말로 하면 학습 지진아였다. 정상적인 학교 교육이 불가능하다고 쫓겨난 그를 전직교사 출신인 어머니가 숨겨진 잠재력을 보고 키웠다는 건 널리 알려진 사실이다. 그는 성장하면서 자신이 좋아하는 전기 연구는 물론 다방면에 걸쳐 많은 시간과 열정을 쏟아 부었고, 실패도 무수히 맛보았다. 전구의 핵심인 필라멘트는 평생 9,999번의 실험을 실패한 뒤에 얻어진 발명품이었다. 그러한 에디슨에게 어찌 보면 천재와 보통 사람의 차이는 바로 1%의 재능차이일 뿐으로 보였을 것이다.

피겨천재라는 김연아는 어떠한가. 전 세계 사람이 주시하고 있는 그 긴장된 순간에 더구나 직전에 경쟁자 아사다 마오가 최상의 연기를 보여 신기록을 수립하면서 경기를 끝낸 그 떨리는 순간에 그녀는 당황하지 않고 당당했다. 누구도 가질 수 없는 자신감으로 자신이 준비한 모든 것을 완벽하게 해내는 강심장을 보여줬다. 분명 그녀의 강심장은 타고났을 것이다. 그렇지만 자신감도 타고난 것일까? 아니다. 그녀가 보여준 자심감은 준비된 것으로 그녀가 흘린 땀과 눈물로 만들어졌을 것이다. 그녀의 강심장은 바로 자신감이다. 경기 후 부르튼 상처투성이의 발을 보면서 김연아는 “저는 한 동작을 익히기 위해서 만 번을 연습합니다.”라고 말했다고 한다. 김연아도 에디슨도 만 번의 노력을 통해 천재가 된 것이다. 그들을 보면서 우리도 노력하면 천재가 될 수 있다는 희망을 갖게 한다.

우리는 여기서 타고난 천재와 만들어진 천재를 다시 생각해 보게 된다. 만들어진 천재를 타고난 천재라고 할 수 있을까. 정말 노력하면 누구나 천재가 될 수 있는가. 그러나 현실은 그리 만만하진 않은 것 같다. 우리는 주변에서 아무리 노력해도 안 되는 경우를 숱하게 본다. 아주 작은 재능이라도 재능이 없다면 어떤 성공도 이룰 수가 없다. 김연아도 에디슨도 최소한 1%의 재능은 있었기에 천재가 될 수 있었던 건 아닐까. 그러면 그 1%가 없는 사람은 천재가 될 수 없는 것인가.

에디슨의 말에 의하면 재능이 없다면 절대 천재가 될 수 없다. 하지만 타고난 재능은 없어도 후천적으로 부단히 노력하여 어떤 분야에 기반 지식을 쌓다보면 만들어진 재능의 소유자가 될 수 있다고 믿고 싶다. 타고난 재능은 분명 축복이겠지만 그 또한 노력이 함께 주어지지 않는다면 천재라는 꽃은 피울 수가 없다.

우리에겐 타고난 재능보다 노력으로 만들어진 재능이 더 가치가 있다. 그 노력의 출발은 열정이다. 열정은 일을 즐기는 것이다. 흔히 잘하는 사람보다 열심히 하는 사람이 낫고, 열심히 하는 사람보다 즐기는 사람이 낫다고 말한다. 김연아는 금메달을 따고 나서 이렇게 인터뷰했다고 한다. “나는 오로지 스케이트를 즐겼을 뿐이다.” 그녀는 타고난 천재이자 만들어진 천재다. 그래서 김연아는 진정한 피겨 여왕임에 틀림없다.

(2010. 5.)

# 거리 두기

오늘도 새소리에 잠이 깼다. 어슴새벽이다. 바로 자리를 일어나기 아쉬워 잠시 뭉그적거려 본다. 온갖 새들이 다 모였나 보다. 한두 마리도 아니고, 울음소리도 가지각색이다. 짹짹거리는 소리 사이로 옥구슬을 굴리듯 맑은 소리가 어우러지고, 이리저리 후드득 날아다니는 소리도 들린다. 천상의 소리처럼 아름다운 하모니를 이룬다. 벌써 며칠째다. 이른 아침이면 새들이 마당 동쪽 끝에 있는 보리수나무로 모여든다. 가지가 찢어질 듯 주렁주렁 열린 보리똥이 빨갛게 익어가기 때문이다. 맛있게 차려진 아침상에 초대하지 않아도 마치 마땅히 초대받은 손님처럼 새들은 신나게 보리똥을 따먹는다.

참새, 박새, 딱새… 이름만 들어도 정겨운 그 새들은 물론이고 이름 모를 새들도 날아든다. 낮에는 다들 어디로 가 보이지 않다가 사람이 잠든 새벽녘에는 제 세상을 만난 듯 활개치고 다닌다. 새들의 세상이다. 아침에 눈 뜨면 바로 초록이 보이는 집에서 사는 것이 오래된 꿈의 하나였지만 이렇게 아침마다 새들의 노래까지 듣게 될 줄은 미처 몰랐다.

회색 아파트 숲에서 벗어나 이곳 봉실산자락에 자리를 잡은 지도 어언 칠 년째다. 듬성듬성 심었던 마당의 잔디가 어느새 뿌리 내려 새파랗고, 울타리로 심어놓은 나무들도 제법 많이 자랐다. 산수유나무, 단풍나무, 배롱나무, 이팝나무, 살구나무, 소나무, 감나무, 광나무, 목련 등 크고 작은 나무들이 빼곡하다.

나무들이 자라면서 뜻밖의 문제들이 생겼다. 처음 묘목을 심을 때부터 나무와 나무 사이를 적당히 띄어 심어야 했었다. 실 날같이 가녀린 나무들이 하도 시원찮아 장차 클 것을 미처 생각지 못하고 촘촘히 심은 것이다. 더구나 이사 때부터 지금까지 해마다 거르지 않고 나무를 심었다. 방송에서 봄날 이팝나무가 하얗게 핀 예쁜 정원이 나오면 당장 이팝나무를 심었고, 책에서 노란 살구가 익어가는 집이 나오면 어김없이 살구나무를 사다 심었다. 그렇게 닥치는 대로 나무를 심은 탓에 좁은 마당이 이제는 더 이상 이제 심을 곳이 없게 되었다.

올봄에도 외수가 없었다. 소나무 옆에 있는 단풍나무가 지난가을부터 시들시들하더니 끝내 말라버려, 농원 주인에게 박태기나무를 부탁했다. 그분이 우리 마당을 둘러보더니 단풍나무와 배롱나무 사이의 이팝나무를 뽑아내는 게 좋겠다고 했다. 어떻게 키웠는데…, 정말 실낱같았던 이팝나무였다. 우리가 머뭇거리자, 그러면 단풍도 백일홍도 제대로 자랄 수 없다고 쐐기를 박았다. 그러고 보니 뒷마당에 널찍널찍 심은 이팝나무는 어느새 그늘이 생길 만큼 쑥쑥 자랐는데, 단풍과 배롱나무 사이에 심은 그 녀석은 자라다 만 잔챙이처럼 아직도 볼품이 없다.

"참나무와 삼나무는 서로의 그늘 속에서는 함께 자라지 못한다." 라고 칼릴지브란이 말했던가. 함께 서 있으되 거리를 두어야 각각의 나무가 제대로 성장하여 하나의 숲을 이룬다는 것이다. 온몸에 가시가 돋친 고슴도치들은 서로를 따뜻하게 해주기 위해 붙어 있으려고 하면 할수록 가시가 서로에게 상처를 준다고 한다. 그래서 적당한 거리를 두는 것이 서로에게 좋다는 것을 말 못 하는 고슴도치들은 이미 알고 있는 게다.

어디 고슴도치뿐이랴. 어쩌면 거리두기는 사람에게도 필요하다. 전혀 모르는 타인보다 가장 가까운 가족이나 친구, 이웃으로부터 오히려 더 큰 상처를 받는 경우를 종종 보게 된다. 아무리 부모 자식, 부부, 친구 사이라 해도 적당히 떨어져 있을 때 서로가 더 필요하고, 서로에게 더 소중한 존재로 거듭날 수 있으리라.

그러나 자칫 사람 사이의 거리두기는 관계가 서먹해지기도 하고 멀어질 수도 있다. 최고의 관계는 아무 말 없이 서로 바라보기만 해도 상대방이 원하는 바를 알아차리는 사이가 아닐까. 거리를 둔다는 것은 관계를 끊는다는 것이 아니라 관계 속에서 자신을 돌아보고 동시에 상대방을 봄으로써 함께 행복해진다는 의미일 것이다.

문득 예전에 아이들과 함께 교실에서 불렀던 팝송 〈From a distance〉가 떠올랐다. 멀리서 보면 지구는 푸른 물과 숲, 바다와 강이 보이고, 멀리서 보면 전쟁도, 질병도, 굶주림도 없는 세상이어서 서로가 희망을 가지고 사랑하면서 살아가자는 내용으로 기억된다. 그렇다면 멀리서 본다는 것은 바로 적당한 거리두기가 아닐까?

이렇게 이른 새벽부터 지저귀는 새들도, 그들에게 아낌없이 보리똥을 주는 보리수나무도, 그걸 따먹는 새소리를 들으면서 잠에서 깨어나는 사람도, 어쩌면 거리 두기를 잘 알고 있는지도 모른다. 사람은 사람대로, 자연은 자연대로 각자의 위치에서 각자의 방식대로 각자의 역할을 다할 때, 멀리서 보면 함께 만들어 가는 진정한 사랑과 행복이 넘쳐나는 세상이 되리라 믿으면서 말이다.

그날 아침, 새들의 합창을 들으면서 나도 모르게 흥얼거려지는 노랫가락은 지금은 거의 잊혔지만 드문드문 생각나는 〈From a distance〉 한 대목이었다.

(2014. 6.)

# 7센티의 존엄

오랜만에 아침 운동을 나갔다. 벌써 6월이다. 엊그제 봄이 왔다고 곳곳에 연두가 올라오더니 어느새 초록이 온 산을 덮고 있다. 동트는 새벽 여명의 고요한 아침 숲속을 걸어본 적이 있는가. 싱그러운 새벽 공기를 가르고 이름 모를 새들이 지저귀는 소리를 들으면서 새벽길을 걷는다. 여기저기 피어나는 알록달록한 꽃들과 나날이 짙어가는 녹음 속을 걷는 기분은 세상 무엇과도 바꿀 수 없는 기쁨 그 자체다. 그토록 좋아하는 아침 운동을 한동안 할 수 없었다. 허리병이 다시 도진 탓이다.

건강은 타고났다고 자부하며 살았다. 크게 아파본 적 없고, 잔병치레도 안 했으며, 흔한 감기조차 잘 걸리지 않았다. 학창 시절, 시험 때만 되면 난리법석을 피우며 밤새워 벼락치기 공부를 해도 다음 날 거뜬했다. 불과 몇 년 전만 해도 하루 정도는 꼬박 밤을 새워도 끄떡없었다. 평생 건강은 전혀 걱정 밖의 문제였다.

사대 졸업 후 신규교사를 거쳐 경력이 쌓이자 교육행정이라는 새로운 세계에 도전하고 싶었다. 준비 없이 무작정 뛰어든 장학사 시험이었다. 1차 필기에 간신히 합격하고 보니 2차 논술 면접이 기다리고 있었다. 합격이라는 고지가 바로 눈앞에 보이는데 주어진 시간은 단 3일뿐이었다. 막막했다. 잠도 오지 않았다. 내 안의 모든 세포가 한꺼번에 활성화되어 마치 성탄절 대형 트리의 꼬마전구 수만 개가 동시에 반짝이는 것 같았다. 그 옛날 벼락공부 실력으로 3일 동안 꼬박 밤을 새웠다. 시험 당일 아침부터 논술을 치르고, 해 질 무렵 면접을 마치고 나올 때 몸은 천근같이 무거웠지만 쓰러지지 않고 버텨준 건강을 주신 부모님께 감사했다.

운 좋게도 시험에 합격하여 학교를 떠나 교육청에서 온종일 전화와 컴퓨터 앞에서 시간가는 줄 모르고 일했다. 보람도 있었지만 스트레스도 많았다. 그래도 체력적으로 크게 힘들지는 않았다. 건강은 건강할 때 챙기라는 말이 귀에 들어올 리 없었고 음주, 흡연과는 거리가 멀었지만 밤늦도록 일하면서 커피를 물마시듯 마셨고, 이틀이 멀다고 외식의 연속이었다. 한 번 컴퓨터에 앉으면 서너 시간이 훌쩍 지나갔다. 아무리 건강을 타고났다 해도 그렇게 몸을 혹사하는데 무사할 리 만무했다.

언제부터인가 오른쪽 다리가 마치 전기가 통하는 듯 찌릿하고 땅겨서 몇 분 이상 똑바로 서 있기가 어려웠다. 몸이 아프니까 만사가 귀찮고 짜증이 났다. 의욕도 생기지 않고 자신감도 없어졌다. 갈수록 통증이 심해져 찾아간 병원에서는 허리 디스크 탈출이라고 했다. 다행히 디스크가 터지진 않아 수술은 안 해도 되지만 컴퓨터는 되도록 멀리하고 하루 30분 정도 흙길을 걸으라는 처방이 내려졌다. 더불어 굽 높은 구두는 절대 신지 말라는 경고도 함께 받았다.

그다음 날부터 아침 걷기 운동을 시작하고 컴퓨터 작업도 줄이려고 노력했다. 그러나 정작 문제는 구두였다. 지금이야 웰빙 붐을 타고 젊은 층에서는 정장에 운동화를 신는 것도 유행이라지만 그때만 해도 정장에는 반드시 구두를 신어야 했다. 교육청 특성상 정장은 필수였고, 제대로 옷맵시를 내려면 높은 구두 역시 필수였다. 맙소사! 그 당시 나는 7센티 하이힐을 즐겨 신었다. 그런데 디스크 환자는 운동화가 제일 좋고 단화나 굽이 있어도 3센티 이상이면 안 된다는 것이다. 달리 선택의 여지는 없었다. 납작한 구두로 바꾸자, 발은 확실히 편했지만 마음은 영 편치 않았다. 사람들이 나만 쳐다보는 것도 아니련만 7센티 구두에 대한 미련은 쉽게 버리지 못했다. 젊음, 옷맵시, 각선미 같은 말들이 더 이상 나와는 무관하다고 생각하자 우울해졌다. 그것은 건강 이전에 존엄의 문제였다. 인간으로서, 여성으로서 아름다움과 젊음을 추구할 권리를 사전 동의도 없이 박탈당한 셈이었다.

그해 가을 내내 새벽 건지산을 걸었다. 처음에는 10분이 멀다 하고 가다 쉬다 했지만 그래도 점차 좋아져 이듬해 봄이 되면서 1시간 정도는 거뜬히 걸을 수 있었다. 수술 없이 걷기만으로 허리통증이 사라진 것이다. 자축의 의미로 제일 먼저 구두를 7센티로 바꾸었다. 발걸음도 가볍고 기분도 상쾌하여 날아갈 듯했다. 세상이 다시 즐거워 보이기 시작했다. 그 뒤로 한동안 그럭저럭 허리는 잊고 살았다.

그로부터 5년이 지나 지난해 겨울, 다시 허리가 아팠다. 예전의 허리 디스크에 이번엔 협착증이 시작되었다고 했다. 재발도 부족해 새로운 병까지 생기다니. 그러고 보니 지난번은 1차 경고에 불과했나 보다. 한 치 앞도 모르고 함부로 살았나 싶어 힘이 쭉 빠졌다. 의사는 노화로 인한 병인데 다행히 수술할 정도는 아니니까 약물치료를 하자고 대수롭지 않게 말했다. 오히려 "완치는 안 돼요. 더 나빠지지만 말고 이제 그러려니 하고 살아야 해요."라고 무심하게 덧붙인다.

참기 좋을 만한 아픔과 함께 올해 다시 새봄이 왔다. 우연히 복효근 시인의 신간 시집을 읽다가 한 구절이 가슴에 꽂혔다.

"사는 일이 더러 그렇다./ 가슴팍에 대못 몇 개 박아둔 채…치유를 꿈꾸지 않는 것/ 꿈꾼대도 결국 치유되지 않을 것이므로/ 대못이 살이 되도록 대못을 끌어안는 것/ 때론 대못이/ 대못 같은 것이/ 생이 새어나가지 않게 그러쥐고 있기도 하는 것이다."

그렇구나. 이제는 허리가 다시 좋아지기를 바라면서 애면글면하지 말고 숙명처럼 끌어안고 살아가야 하는구나. 타이어에 박힌 대못을 뽑아버리면 바람이 빠져 한 치도 더 앞으로 나갈 수 없듯이 나도 이대로 인정하고 순응해야 하는구나. 그것도 머리가 아닌 가슴으로 몸으로 받아들여야 하는구나.

어느 날 아침, 창밖을 보니 초여름의 태양이 붉게 떠오르고 있었다. 아프다는 핑계로 아침 운동을 하지 않은 지 오래되었고 굽 높은 구두에 대한 집착 또한 여전했던 자신이 문득 부끄러웠다. 노화로 인한 어쩔 수 없는 병이라면 내 인생의 일부인 양 가슴에 안고 살아가야 한다.

아니다. 관능적인 몸매와 도톰한 입술로 헐리우드 최고의 배우 안젤리나 졸리는 최근 예방 차원에서 유방 절제와 재건 수술을 받으면서 오히려 생에 대한 당당함에서 오는 아름다움으로 제2의 전성기를 누리고 있다고 하지 않은가. 나도 통증이 심해지면 겁먹지 말고 수술 받고 당당하게 살아가야겠다.

7센티면 어떻고 3센티면 어떠랴. 정장에 운동화를 신으면 또 어떠랴. 졸리처럼 여풍당당, 노풍당당으로 세상을 활보해야겠다. 아아, 존엄은 외형이 아니라 내면에서 나오는 것이고, 주어지는 것이 아니라 만들어간다는 것이 왜 이제야 보이는 것일까. 그날 창밖에는 쭈그러지고 상처받은 7센티의 존엄이, 그래도 존중받아 마땅한 나의 존엄이 푸르른 신록만큼이나 눈부시게 빛나고 있었다.

(2013. 6.)

# 별이 빛나는 밤

"제 일은 제가 알아서 해요." 오늘도 서로 안부를 묻고 이런저런 이야기 끝에 결혼 말이 나오자 아들이 언성을 높이며 마지막에 던진 말이다. 내 아들이지만 서운하고 화가 치민다. 그래도 이내 그런 아들이 안타깝고 안쓰러워 마음이 아프다. 세상의 모든 부모는 자식들이 건강하고 행복하게 살길 바란다. 스스로 알아서 공부하고, 취직하고 때 되면 결혼하고 아이 낳고 키우면서 오순도순 살아가면 그거야말로 자식이 부모에게 주는 최고의 선물이 아닐까. 이런 소소한 기쁨을 행복으로 아는 평범한 삶을 아직 살지 못하는 아들이다.

아들은 대학을 마치자마자 바로 미국 유학을 떠났다. 술도 마시고 연애도 하면서 보통 젊은이들이 해보는 청춘의 특권을 모두 유보한 채 피나는 노력으로 무사히 학위를 마쳤다. 더구나 졸업과 동시에 캐나다 명문 대학 교수로 임용되어 우리 부부를 행복하게 했다. 고등학교를 졸업하고 서울로 대학을 간 후 외국에서 대학 교수가 된 지금까지 긴장 속에서 혼밥과 쪽잠, 책과의 싸움으로 고군분투해 온 아들이다.

그러나 세상은 그리 만만하진 않은 듯하다. 우리나라에 코로나19가 처음 발생했을 때부터 아들은 이틀이 멀다고 안부 전화를 했다. 그 후 펜데믹이 일어나면서 아들이 있는 벤쿠버는 아예 도시 폐쇄령이 내려졌다고 한다. 모든 학교와 관공서, 주요 기관 등이 강제 폐쇄되고 오직 식료품과 생필품을 파는 대형마트만 구역별로 지정되어 열리며, 시민들도 집에서 자가격리 상태라 한다. 이제는 오히려 아들은 부모가, 부모는 아들이 걱정되어 매일 안부 전화를 주고받는 것이 새로운 일상이 되었다.

자주 통화하다 보니 시시콜콜한 이야기까지 하지만, 정작 하고 싶은 결혼 이야기는 꺼내지도 못할 때가 많다. 어쩌다 어렵게 꺼낸다 해도 여지없이 오늘 아침처럼 자신이 알아서 하겠노라는 한마디 말이면 끝이다. '자식이 상전이다.'는 옛말로 마음을 다잡으려 해도 아들이 야속하기만 하다. 옆에서 듣고 있던 남편이 '죽이 되든 밥이 되든 내버려 두라' 하면서 빨리 전화를 끊으라고 성화다. 버럭 높인 언성에 속상한 남편의 마음이 잔뜩 묻어있다.

오늘같이 우울한 날은 〈빈센트 Vincent〉를 듣는다. 그것도 기분이 나아질 때까지 듣고 또 듣는다. 이 노래는 네덜란드 화가 '빈센트 반 고흐'의 전기를 읽고 감명을 받은 미국의 팝가수 돈 맥클린이 고흐의 그림 〈별이 빛나는 밤 Starry night〉을 보고 영감을 받아 작곡한 1970년대 노래이다. 오래전 학교에서 영어를 가르쳤던 나는 해마다 아이들과 이 노래를 수업 시간에 불렀다. 지금이야 굳이 영어 수업이 아니어도 유튜브 등을 통해 접할 기회가 많지만 1980~90년대에는 팝송이 아주 좋은 영어 학습 교재였다. 더구나 '별이 빛나는 밤', 줄여서 '별밤'은 TV가 드물었던 여고 시절부터 밤이 이슥하도록 즐겨듣던 유명한 라디오 음악프로였다. 그때 별밤에서 자주 듣던 곡이 바로 〈빈센트〉였다.

그림 〈별이 빛나는 밤〉은 평생을 고독하고 궁핍한 삶을 살았던 고흐가 자신을 이해 못 하는 사람들과 다툰 뒤 자신의 귀를 자르고 병원에 감금되었을 때 병실 창밖으로 보이는 풍경을 그린 작품이다. 칠흑 같은 어두운 밤하늘에 별이 빛나고 노란 달도 떠 있다. 그 아래 마을에는 교회당도 있고, 사이프러스 나무도 하늘을 찌를 듯이 서 있다. 별도 달도 하늘도 나무도 거대한 무리를 지으면서 꿈틀댄다. 마치 고성능 카메라로 초고속 촬영이라도 한 듯 생생하게 살아 움직이고 있다. 19세기를 살았던 고흐의 눈과 마음은 이미 21세기의 최첨단 카메라 이상이었던 셈이다.

9년 전 대학 졸업을 앞둔 아들이 처음 유학 간다고 했을 때 기쁨 반 걱정 반이었다. 유학이라니. 적어도 7~8년간의 유학비를 걱정하지 않아도 될 만큼 넉넉한 살림도 아닌데, 그렇다고 무작정 안 된다고 할 수도 없었다. 무사히 학위를 마치고 유학 시절 내내 보이지 않은 자신과의 고독한 싸움에 흘렸던 땀과 눈물의 의미를 잘 알고 있기에 이제는 아들이 조금은 편안하게 인간다운 삶도 추구하면서 학문의 길을 걷기를 바라는 건 당연지사 아니겠는가. 그 당연함의 첫 출발이 결혼이라 생각하니 부모로선 마음이 급해진 것 또한 당연했다. 그러나 정작 아들은 여전히 연구논문과 씨름하고 있으니 부모는 초조해지고 화가 나기도 한다.

'품 안의 자식' 이라고, 독립하여 떠나면 내 자식이 아니라 하는데 아직 내 품 안에 있으니 행복하다고 해야 하나. 아니면 부지런히 아들 짝을 구하여 빨리 떠나게 해야 하나 잘 모르겠다. '양손의 떡'이라면 입맛 당기는 대로 차례차례 먹어야 할까 아니면 한 번에 같이 먹어야 할까. 아니 같은 팥떡이라면 굳이 한 번에 먹을 필요는 없다. 그러나 다른 하나가 콩떡이라면 어차피 우선순위를 정해야 한다. 아들은 '연구와 결혼'이라는 양손에 서로 다른 떡을 가지고 있으니 하나를 먼저 선택해야 한다.

그러나 서양 속담에서는 "신은 양손에 떡을 주지 않는다."고 한다. 흥미로운 건 '양손의 떡'은 동서고금을 막론하고 모든 사람에게 매혹적이지만, 서양이나 우리나라나 그리 유쾌하지만은 않은 듯하다. 설마 아들에게 한쪽 손에만 떡이 있는 건 아니겠지? 만약 한쪽에만 떡이 있다면 결혼과 연구 중에 뭐가 더 먼저일까? 이런저런 생각이 꼬리를 문다. 이래저래 오늘 밤은 쉽게 잠들지 못할 것 같다. 고흐의 〈별이 빛나는 밤〉 그림 속 하늘을 찌를 듯한 사이프러스 나무의 소리 없는 아우성이 들려오는 듯하다. 아무래도 〈빈센트〉를 여러 번 들어야 할 것 같다. 스산한 봄밤이다.

(2020. 5.)

# 5.

# 꽃파도

닻과 덫 | 도담도담 하우스 | 봉실산 1 | 봉실산 2 | 실패한 이야기도 좋은 스펙이다 | 꽃파도 | 아, 대한민국! 아아, 우리 조국! | 두 개의 골든타임 | 치즈는 하나의 오케스트라다 | 천 냥 빚이 된 말 한마디 | 오! 선화공주

# 닻과 덫

오랫동안 학교에서 영어를 가르쳤다. 학창 시절 영어를 잘해서 영어를 전공한 것은 아니었다. 영어는 늘 호기심과 두려움의 양면을 가진 정복의 대상이었다. 소위 '영수'를 잘해야 좋은 대학을 갈 수 있었기 때문에 너나없이 영어 공부에 많은 시간을 쏟았고 스트레스도 많았다. 오죽했으면 '잉글리쉬'가 아니고 '징글리쉬'라고 했을까.

한 세대를 대략 30년 정도로 본다면 학교 졸업 후 직장생활 한지도 이미 오래전에 한 세대를 넘겼으니 그 당시는 요즘 같은 인터넷과 스마트폰 시대가 될 줄은 꿈에도 생각지 못했다. 이제는 두세 살짜리 아기들도 유튜브로 만화를 보는 시대이니 전 세계가 손안의 스마트폰으로 저절로 지구촌 한 가족이 된 셈이다. 동시통역하는 앱이 속속 등장하여 언어의 장벽은 무너져가고 영어 콤플렉스도 사라져가고 있다. 중학생이 되어 펜맨쉽 책으로 영어 알파벳을 처음 접했던 세대들은 오래된 흑백영화의 주인공쯤으로 여겨진다.

최근 펜데믹된 코로나 정국을 지나오면서 수많은 국내외 뉴스가 넘치고 있다. 드라이브 스루, 워킹 스루, 진단 키트 등 낯선 단어들이 우리말인가 외래어인가 혼돈될 정도로 익숙해지면서 K-방역으로 우리나라는 그 뉴스의 중심에 우뚝 서 있음이 자랑스럽다. 뉴스 속의 자랑스러움 뒤로 나에게는 부러움과 초라함이 뒤범벅이 되는 무언가가 있었으니 그건 다름 아닌 두 명의 여성이었다. 강경화 외교부 장관과 손미나 작가가 바로 그들이다.

그들의 공통점은 여성이라는 점과 외국어 사용에 능통하다는 점이고, 차이점은 한 사람은 정부의 공식 외교관이고, 또 한 사람은 본의 아니게 애국심 충만한 민간 외교관이 되었다는 점이다. 영국 BBC, 미국 CNN, 독일 DW 등 내로라하는 세계 주요 방송국들이 요청한 생방송 인터뷰에서 통역 없이 당당하게 유창한 영어와 스페인어로 거침없이 한국의 실상을 자랑스럽게 알리고 있다.

강 장관은 미국에서 공부했고. 오랜 시간 현지에 살면서 UN 외교관으로서 잔뼈가 굵은 사람이니 실생활 영어는 물론 외교 영어도 능숙한 게 당연할 것이다. 하지만 우리에게 우리말 인터뷰, 그것도 생중계라면 긴장되고 어렵다는 것은 누구나 공감할 것이다. 하물며

세계적인 이슈에 대해 전 세계로 대본 없이 생중계되는 인터뷰라면 우리말이 아닌 외래어로 인터뷰한다는 것은 정말 대단하지 않은가.

손미나 작가, 역시 놀랍다. 물론 대학에서 스페인어를 전공했고, 한때는 방송국 아나운서도 했으니 스페인 방송 인터뷰를 하는 것은 자연스러운 일일 수도 있겠다 싶지만 단순한 인터뷰도 아니고 스페인 방송국의 시사 토크쇼에 출연하여 한국의 코로나 19에 대한 방역의 우수성을 역설하다니 정말 자랑스럽고 대단한 일이다. 더 놀라운 건 스페인 방송 출연 이후, 세계 각국의 수많은 방송국과 인터뷰하면서 한국 코로나19 방역에 대해 알리는 민간 외교관 역할을 톡톡히 하고 있다고 한다.

더구나 그녀는 방송 출연 후 쏟아지는 한국 언론과의 인터뷰에서 "인터넷 인프라가 안 좋고 워낙 먼 나라들이다 보니 생방송 연결이 몇 번이나 끊기고 오디오 사고도 있었다."라며 "나름 순발력을 발휘할 기회라 짜릿한 즐거움이 있었고 스릴을 즐기며 방송 잘 마쳤다. 평소엔 겁쟁이인데 마이크 앞에선 어떻게 갑자기 간이 커지는지 저도 모르겠다."고 말했다 한다.

나는 그들의 인터뷰 기사를 읽으면서 '이 두 사람이야말로 소리 없는 전쟁터에서 총, 칼 없이 이렇게 전 세계에 한국을 알리고 한국의 위상을 높여주다니……. 애국이, 아니 애국자가 따로 없구나.'라고 생각했다. 그리고 이들이 너무 자랑스러웠다. 그러나 다른 한편으로는 영어 교사를 했고 영어교육 행정을 담당했던 사람으로서 지나온 세월이 자랑스러움보다는 아쉬움이 앞서 착잡함을 금할 길 없었다.

생각해 보면 내 인생에서 영어는 '덫'이자 '닻'이었다. 사범대학에 진학했으니 중등교사가 되는 건 당연하지만, 대학 1학년 교양과정을 마친 뒤 2학년 때 전공 선택을 하는데 한 치의 망설임도 없이 영어교육을 선택했다. 어쩐지 영어 교사가 실력 있어 보이고 멋있어 보인 건 순전히 나만의 착각이었겠지만 적어도 그 당시는 나의 소질이나 적성은 전혀 고려대상이 아니었다. 사대를 졸업하고 발령을 받아 첫 수업에서 영어 교사로서 느꼈던 뿌듯함은 뭐라 말할 수 없었다. 하지만 그 기쁨은 잠시였고, 영어를 좋아하고 열심히 공부하는 아이들은 지극히 적었다. 영어를 어려워하고 일찌감치 포기하는 아이들이 너무 많았다. 아무리 수업 준비를 열심히 해서 아이들에게 쉽게 가르쳐도 아이들은 잘 따라오지 못했다. 그래도 영어 선생님보다 담임 선생님으로 아이들과 더 쉽게 친해질 수 있어 교사로서 보람을 느낄 수 있었다.

세월이 흘러 영어를 직접 가르치는 교사에서 영어교육 정책을 수립하고 영어교육 사업을 추진하는 장학사가 되었다. 때마침 '오렌지'가 아니고 '오륀지'라면서 영어교육을 강조하는 대통령 시대가 되면서 원어민 교사가 교육 현장에 들어오고 해외 어학연수와 영어캠프가 유행했다. 여기저기서 앞 다퉈 영어마을이 생겨났다. 영어교육은 그야말로 항상 일간지의 일면 톱기사로 단골이 되었고, 도내 일간지 기자들에게 제일 따끈따끈한 기사를 제공하는 그야말로 영어교육 광풍 시대의 한가운데에 내가 서 있던 셈이었다.

그러나 모든 사물에는 명암이 있고, 인간사 역시 호사다마好事多魔라고 하지 않던가. 영어교육 광풍 시대를 지나오면서 영어 교사로서 최고의 전성기를 누렸나 하면 고통 역시 최고조였다. 보람이 있었다면 고생도 많았다. 그 광풍 시대를 지나고 찬찬히 되돌아보니 영어교육을 전공한 사람으로 영어교육의 최일선에서 하고 싶었던 일은, 아니 할 수 있는 일을 다 해보았다는 자부심은 넘쳐났지만 몸과 마음이 고달팠고 좋든 안 좋든 주변의 시선을 한 몸에 받는 괴로움 또한 넘쳐났다.

지나고 보니 영어교육은 나의 교직 인생이라는 항해에서 푸른 바다를 잔잔하게 헤치면서 대양 멀리멀리 나가는 순풍의 돛이기도 했지만, 먹구름 몰려오고 비바람 몰아치는 망망대해에서 홀로 표류하는 돌풍의 덫이기 했다. 참으로 지난至難한 세월이었다. 그리고 영어 또한 참으로 지난한 인생 과업이었다.

(2020. 6.)

# 도담도담 하우스

2016년, 그해 우리는 집 한 채를 지었다. 파란들 남쪽에서 바람이 불어 냇가에 수양버들이 춤을 춘다는 봄날이었고, 복숭아꽃 살구꽃 아기 진달래가 울긋불긋 꽃 대궐을 만든다는 농촌 마을 한가운데에 하얀 집을 지었다. 병마로 더이상 일을 할 수 없는 한국인 아버지와 우리말을 잘못하는 동남아 국적의 어머니가 초, 중학교에 다니는 세 자녀와 함께 살아갈 집이다. 그들은 원래 무주택자는 아니었다. 허물어질 듯한 집에서 보일러도 안 깔린 콘크리트 맨바닥에 난방기구 하나 없이 스티로폼 조각을 깔고 잠을 잔다는 이야기를 방문 상담

과정에서 알게 된 것이다.

방 두 칸, 거실, 주방, 욕실 등 다섯 식구가 살기엔 넉넉하진 않지만 그렇다고 비좁아서 답답할 정도는 아닌 깔끔하게 단장된 공간이었다. 화사한 벽지와 커튼, 은은한 장판이 새집 분위기를 물씬 풍겼고, 아이들 방에는 모 기관에서 기증한 책상과 책꽂이에 아이들이 읽을 만한 책들이 빼곡히 꽂혀 있었다. 거실 서랍장 위의 큼지막한 컬러 TV도, 소파와 응접탁자 그리고 주방의 식탁, 찬장, 냉장고, 전자레인지에도 역시 기증기관 로고가 선명했다.

2015년 한 해도 얼마 남지 않을 무렵, 처음 그녀가 집을 짓겠다고 나를 찾아왔을 때 난데없이 웬 뚱딴지같은 소리인가 싶었다. 교육청 공무원이 왜 집을 지어야 하고, 어떻게 짓겠다는 이야기인가 궁금했지만, 평소에 그녀의 성품으로 보아 빈말은 아닐 듯싶고 나름 분명한 이유와 방법이 있으려니 했다. 그녀는 교육청 위(Wee)센터에 근무하는 사회복지사였다.

위센터는 지역 내 학교 학생 위기 상담을 지원하는 부서로 전문상담사, 임상심리사, 사회복지사가 있다. 이들은 지역내 학교를 순회하면서 전문 상담을 통해 위기 학생을 찾아내고 적절한 임상 심리 검사를 통해 위기 극복 방법을 찾아 학교생활을 원활하게 할 수 있도록 지원한다. 그러나 실제 상담을 하다 보면 위기의 원인이 학생 스스로의 문제라기보다 부모 또는 가정환경에 있는 경우가 허다하다. 사회복지사는 이러한 위기 학생 대상으로 멘토링 상담을 하거나 지역사회 네트워크와 연결하여 정신적 물질적 지원하는 일을 담당했다.

우리 사회 각계각층을 자세히 들여다보면 생각보다 훨씬 더 높은 수준에서 조직화 되어 있고 민주적이며 인권이 존중되고 복지가 강화되어있음을 지역교육청에 근무하면서 알게 되었다. 흔히 선진국이라 하면 30-50 클럽에 속한다. 이는 1인당 국민소득 3만 달러, 인구 5,000만 이상인 나라를 말한다. 우리나라는 이미 2019년에 세계에서 7번째로 30-50 클럽에 가입한 세계 10대 강국이라는 말이 결코 빈말이 아님을 현장에서 종종 느끼게 된다.

여하튼 그 당시 집을 지어야 한다는 그녀의 선한 눈빛에서 품어 나오는 단호한 모습에 나는 왜 집을 지으려고 하느냐는 말은 차마 할 수가 없었다. 그렇다면 어떻게 지을 것인가를 같이 고민해야 했다. 그녀는 우선 김제 관내 자원 네트워크 연계망을 통해 21개의 사회복지 협력단체와 재능기부자, 개인 후원자, 현장 자원봉사자로부터 주택을 신축하고 이를 무상으로 지원하겠다는 약속을 받아냈다, 특히 지원자 중에는 설계에서 시공, 준공까지 건축의 전 과정을 자원봉사 하겠다는 젊은 여성 건설업자가 있었다. 그녀는 독실한 신앙인으로 투철한 봉사 정신과 따뜻한 이웃사랑으로 건축 기간 내내 자신의 생업을 포기하다시피 했다.

우리 교육청에서도 가만히 있을 수는 없었다. 그해 새해 벽두부터 청 내 조회 시간에 우리가 집을 지어야 하는 이유와 진행 과정을 설명하고 모금을 시작했다. 불과 며칠 만에 청식구 누구 한 사람 빠짐없이 십시일반 기금을 냈고 제법 많은 금액이 모였다. 지역신문 역시 교육청의 이런 움직임을 적극 지지하며 자발적으로 지역 내

각 기관과 사회단체의 동참을 열심히 호소해줬다. 천군만마를 얻는 듯했다.

아직 바람끝이 차가웠던 그해 2월 초, 설계도를 들고 건축가 자원봉사자가 교육청을 찾아왔다. 그녀는 우리 청 사회복지사와 함께 도내 및 김제 관내 사회복지와 다문화 관련 단체와 구호단체, 건축 관련 기업과 종교와 금융기관 심지어 김제에 주둔하는 군부대까지 21개 단체가 기부한 모금액을 함께 가지고 왔다. 알고 보니 그녀는 그 다문화 가족의 어려움을 찾아낸 우리 청 사회복지사의 지인으로 집을 같이 짓는 데 처음부터 뜻을 같이하고 일을 추진해온 사람이었다. 정말 세상에는 이런 따뜻한 가슴을 가진 사람들이 생각보다 훨씬 더 많다는 것을 실감하는 울컥한 순간이었다.

사회복지사와 건축가, 두 여성의 아름다운 하모니는 그로부터 한 달 정도 공사 기간에 무수히 많은 회의와 공사 현장 방문을 거쳐 드디어 그날, 준공식을 가졌다. '도담도담 하우스'라는 그 집 이름도 그들의 아이디어다. '도담도담'이란 어린아이가 탈 없이 잘 놀며 자라는 모양'을 이르는 순 우리 말로 세 명의 다문화가정 아이들이 쾌적하고 아담한 새집에서 잘 자라기를 바라는 우리 모두의 소망을 담은 것이다.

누군가가 우리에게 '당신은 무엇으로 사는가.'라고 묻는다면 뭐라 대답할 수 있을까. 톨스토이는 그 무엇을 '사랑, 그것도 순수한 사랑'이라고 보았다. 그 사랑 속에는 희생, 헌신, 인간이라면 마땅히 갖추어야 할 도리, 바른 마음, 선함 등을 포함하리라. 그렇다면 나는 무엇으로 사는가. 생각하고 또 생각한다 해도 궁극적으로는 톨스토이와 비슷한 답을 내리지 않을까. 굳이 맹자나 루소의 성선설을 끄집어내지 않아도 우리 모두의 가슴에는 선함이 자리하고 있음을 다시 한번 되새기게 했다.

지금쯤 그 아이들은 얼마나 컸을까. 황토 땅 낮은 구릉 언덕 위의 하얀 집, 도담도담하우스는 어떻게 변했을까. 그때 오픈하우스 기념으로 그 아이들과 함께 심었던 사과나무는 얼마나 자랐을까. 그들은 도담도담 하우스에서 아무 탈 없이 잘 지내고 있을까. 맏이는 이미 대학생이 되었을텐데…. 이번 가을에는 그곳을 꼭 한번 다녀와야겠다. 갑자기 가슴이 뜨거워진다.

(2020. 9.)

# 봉실산 1

봉실산鳳實山. 먼 옛날 봉황새 한 마리가 이산 저산을 노닐다가 봉긋 솟은 봉우리에 반해서 잠시 쉬었다가 알을 품었다는 봉실산 자락에 자리를 잡은 지도 벌써 육 년이 흘렀다. 우리 부부는 시골에서 자라 학창 시절 도회지로 나온 터라 시골에 남다른 애착이 있던 것은 아니었지만, 아파트가 아닌 마당 있는 집에서 꽃 가꾸며 푸른 산과 들을 보며 사는 것을 그리워했다.

꿈은 이루어진다고 했던가. 갑자기 시아버님께서 세상을 뜨면서 기회가 일찍 찾아왔다. 상심이 컸던 시어머니께서 이사를 원하셨기 때문이다. 아마도 집안 곳곳에 남아있는 아버님의 손길에서 벗어나고 싶으신 듯했다. 남편이 불쑥 시골로 들어가자고 했다. 마침 두 아들도 집을 떠나 있어 그동안 눈여겨보아 두었던 몇 곳을 둘러보았다. 봉실산도 그중 하나였다.

봉실산을 처음 찾았을 때는 아이들이 아직 어렸던 봄날이었다. '미니 청와대'라고 산속에 푸른 집이 있고 온갖 꽃과 나무가 우거져 있다는 소문을 듣고 일부러 찾아 나선 것이다. 마을 사람들 말로는 징용 끌려갔던 재일교포가 고국을 못 잊어 고향 선산에 재각을 짓고 묘역을 조성하여 정원으로 만들었다고 했다. 그때가 1960년대로 당시 심은 소나무, 단풍나무, 배롱나무, 주목, 밤나무, 전나무 등이 아름드리로 자라나 울창한 숲이 되었다. 숲 사이로 오솔길도 있고, 연못도 있고, 곳곳에 예쁜 벤치도 보였다. 때마침 철쭉이 활짝 펴 잘 가꾸어진 놀이공원에 온 기분이었다.

그 집을 끼고 산길에는 벚꽃 길이었다. 때마침 흐드러지게 핀 벚꽃이 바람에 날리는 길 따라 오르다보니 산 중턱에 조그마한 절이 있었다. 학이 날아들어 숲을 이룬다는 학림사鶴林寺라 했다. 당시는 산이나 절 이름에 봉황, 학이 들어가 있어 예사롭지 않다는 생각은 했지만 이내 곧 잊혔다.

세월이 흘러 다시 그곳을 찾았을 때는 늦가을이었다. 푸른 기와집은 단풍이 가득했고, 벚꽃 길은 낙엽이 뒹굴고 있었다. 학림사 법당 안에는 따사로운 가을 햇살이 가득했다. 절 마당 기와 담장에 노란 국화가 듬성듬성 피어 있고, 바람이 불 때마다 울리는 풍경 소리가 고즈넉했다. 시간이 멈춘 듯 조용하고 경건한 분위기에 저절로 옷깃이 여미어졌다.

절 뒷길로 가파른 바위산을 타고 숨이 찰 만큼 한소끔 오르니 봉실산 정상이 나왔다. 372m라면 그리 높지 않은 산이나 사방이 탁 트여 거칠 것이 없어서인지 유난히 높아 보였다. 동쪽으로는 대둔산에서 운장산으로 이어지는 크고 작은 산의 능선들이 끝없이 이어졌고, 남쪽으로는 만경강의 상류인 봉동천 주변으로 황금빛 들판이 기름져 보였다. 북쪽으로는 미륵산과 용화산, 배산이 가깝게 보였고, 멀리 함라산도 보였다. 맑은 날씨에는 아득히 서해도 보인다고 했다.

풍수지리를 모르는 눈으로 보아도 우리 조상들이 촌락을 이루는 기본 조건이라는 배산임수背山臨水이고 봉황이 알을 낳고 학이 날아들어 숲을 이룬다는 비학포란飛鶴抱卵이었다. 풍수지리도 알고 보면 인간의 건강하고 행복한 삶을 위하여 자연의 형상과 기운을 이용하는 이치라 한다면 이런 곳이야말로 집터로서는 최적지임이 분명해 보였다. 더구나 시내에서 그리 멀리 떨어지지도 않았다.

그날, 우리는 그곳에 집을 짓기로 했다. 마침 그 집 바로 앞에 적당한 땅도 있었지만 막상 집을 지으려니 겁부터 났다. 건축이나 조경에 문외한이었고, 직장에 얽매여 부족한 시간과 넉넉하지 않은 자본으로 만만치가 않았다. 우여곡절을 거쳐 1년 뒤 드디어 봉실산 자락에 작고 소박한 우리 집을 갖게 되었다. 시간이 흐를수록 봉실산은 소소한 기쁨을 우리에게 주었다. 처음 오는 사람마다 마을 입구부터 정삼각형으로 우뚝 솟은 산이 문필봉文筆峰 같아 예사롭지 않고 그 기세에 압도당하는 기분이라 했다. 봉황이 노닐었다는 산세의 비범함 때문일까.

우리 집에서 유일하게 호사를 부렸다면 거실 창문을 앞뒤로 큰 통 창으로 낸 것이다. 앞창으로는 너른 들판이 보이고, 멀리 높고 낮은 산봉우리들이 거대한 파노라마로 다가온다. 여름날 비 개고 구름 걷히는 광경은 마치 지리산 파노라마처럼 보였다. 뒤창으로는 푸른 지붕의 아름다운 숲이 마치 우리 집 뒷마당 같고, 봉실산 정상이 손에 잡힐 듯 가까이 보였다. 눈 내리는 날 거실에서 바라보는 봉실산은 눈 쌓인 한라산 정상을 보는 듯 아름다웠다.

'차경借景'이라는 말을 알게 된 것은 그즈음이었다. '경치를 빌려오다'는 차경은 원래 우리의 옛 건축 기법으로, 유홍준 교수는 '경복궁이 바로 차경 미학의 진수'라고 했다. 중국의 자금성은 규모 면에서 경복궁을 압도하지만, 경복궁은 북한산과 인왕산을 가시적 정원으로 삼아 주변의 경관을 끌어들여 미학적일 뿐 아니라 확장된 공간 개념으로 규모 면에서도 자금성과는 비교가 안 된다고 역설했다.

또 우리 조상들은 집을 지을 때 밖에서 집이 어떻게 보이느냐보다 집안에서 밖이 어떻게 보이느냐를 더 중요하게 여겼다. 남에게 보이기 위한 집이 아니라 사는 사람을 먼저 생각하는 선조들의 주체성을 엿볼 수 있다. 차경 역시 눈앞에 보이는 것만 아니라 주변과 함께 어울려 볼 줄 아는 미학을 가지고 있던 것이다.

비록 수수한 집이지만 봉실산 자락에서 거실 앞 뒤창으로 주변의 산과 들을 차경하여 자연을 즐기는 기쁨은 그동안 집 짓고 이사하면서 겪었던 마음 고생, 몸 고생을 단번에 씻어주는 듯했다.

가을날, 거실 뒤창으로 보이는 빨갛게 물들어가는 단풍나무 숲이 정겹다. 그 뒤로 봉실산 꼭대기에 푸른 하늘이 걸쳐있다. 맑고 청명한 하늘에 흰 구름 몇 조각이 모였다 흩어지면서 흘러가고 있다. 거실 앞창으로 노랗게 물든 느티나무 몇 그루가 눈에 들어온다. 그 옆으로 하얀 억새꽃이 한창이다. 저 멀리 높고 낮은 산들이 아스라이 보인다. 이보다 더 좋을 수 없는 가을이 깊어가고 있다.

삶도 죽음도 자연의 한 조각이라던데 봉실산 자락에 살아가는 나도 봉실산과 어울려 살다가 언젠가는 자연으로 돌아가 한 줌의 흙이 될 것이다. 해가 갈수록 차경의 가르침을 조금씩 알아가면서 봉실산은 이렇게 우리와 하나가 되어가고 있다.

(2013. 10.)

# 봉실산 2

7년 만이다. '차경'이라는 말을 다시 들은 것도, 다시 생각한 것도. 봉실산도, 푸른 하늘도, 흰 구름도 그대로인데 무정한 세월만 빠르게 흘러갔다. 마치 무엇에 홀린 듯 아무 생각도 없이 그저 아침에 눈 뜨면 출근하기 바빴고, 날마다 발등에 떨어진 일에 파묻히다 보면 어느새 퇴근이었다. 집에 오면 밀린 집안일에 또다시 몸도 마음도 지쳐만 갔다.

내년 이맘때쯤으로 다가온 퇴직이다. 적어도 퇴직할 때는 나만의 이야기를 쓴 책을 가지는 게 오랜 꿈이었다. 퇴직을 미룰 수 없듯이 이제는 글쓰기를 더 이상 미룰 수 없어 시작한 수필반 첫 시간에 강사님의 '차경'을 만났다. 차경이 '단순히 경치를 빌려온다'는 의미를 넘어서 '내가 누군가의 삶에 차경이 되어 준다'는 말씀을 하실 때 강한 전율을 느꼈다.

내가 누군가의 삶을 차경하여 내 인생을 풍요롭게 하는 것도 중요하지만 내 삶이 누군가에게 차경되어 그 사람의 삶이 풍요로워진다면 그 또한 인생의 중요한 의미가 아닐까. 더구나 평생을 교단에 있었으니 내 삶은 이미 알게 모르게 아이들에게 수없이 차경 되었을 터인데 그 막중함을 퇴직을 얼마 남겨놓지 않고 이제야 새삼 깨닫다니……. 갑자기 이마에 식은땀이 흘렀다.

선생님이 되겠다는 꿈을 어릴 적부터 가진 것은 아니었다. 초등학교 5학년 때 긴 머리 여 선생님은 옆 반 담임이셨다. 늘 웃는 얼굴이었고, 선생님 곁을 지나가면 좋은 냄새가 났다. 지금은 화장품 냄새였다는 걸 알지만 그때는 그냥 선생님 냄새라고 생각했다. 우리 반 선생님이 아니어서 서운했지만 '나도 선생님이 되면 그렇게 좋은 냄새가 날까?' 하는 엉뚱한 생각을 하곤 했다.

여고 시절, 우연히 소설책 첫머리에서 "그에게는 언제나 비누 냄새가 난다."라는 구절을 읽을 때 문득 좋은 냄새가 났던 긴 머리 선생님이 생각났다. 막연히 선생님이 되고 싶다는 꿈이 생겼고, 나도 언제나 비누 냄새가 나는 누군가를 만나고 싶다는 꿈도 꾸게 되었다.

세월이 흘러 지금 생각해 보면 참 풋풋한 꿈이었다. 그래도 넉넉하게 보면 그때의 두 꿈이 어설프게라도 이루어진 건 아닐까. 하나는 아이들에게 차경이 될 만한 선생님이었냐는 별개의 문제지만 40여 년을 대과없이 교단을 지키고 있다는 것이고, 또 하나는 딱히 비누 냄새라 할 순 없어도 가정과 직장에 충실한 선한 냄새를 지닌 남편이 있다는 것이다.

다시 시작한 수필반에서 '차경'이라는 말이 나에게 쑥 들어온 그즈음, 바다 건너 멀리 있는 큰 녀석에게서 전화가 왔다. 일주일이 멀다 하고 한 번씩 안부 전화를 하는 착한 아들이다. 여느 때처럼 안부 몇 마디를 묻다가 엄마의 요즘 관심사가 무엇이냐고 물었다. 나도 모르게 '차경'이라는 말이 튀어나왔다. 차경 하는 삶을 넘어 차경 되는 삶을 살고 싶다고 했다.

처음 봉실산으로 들어왔을 때, 차가 있는 우리 부부는 괜찮지만 두 아들은 불편하다고 싫어했다. 비 그친 여름날, 먼 산 중턱에 동동 걸쳐있는 흰 구름이 마치 알프스에 온 듯하고, 불그스레 물든 산자락에 따뜻한 가을빛이 가득할 때면 옛 선조들이 말한 차경을 우리는 만끽하는 거라고 이야기해 줘도 소용없었다.

아들은 '차경'을 정확히 기억하고 있었다. 그리고 엄마는 이미 차경 되는 삶을 살고 있다는 말도 덧붙였다. 마지막 한마디는 끝내 가슴을 울리고 말았다. "엄마, 이제는 저도 누군가의 삶에 차경 될 수 있도록 열심히 살겠습니다." 고된 유학 생활 끝에 대학에 자리 잡은 아들은 어느새 어른이 다 되어 있었다. 그때 문득 "인생은 아름답고 역사는 발전한다."라는 말이 떠올랐다. 차경하고 차경 되는 삶이야말로 인생을 아름답게 만들고 역사는 발전되게 하리라.

그날 밤, 아들과 통화를 마치고 마당으로 나갔다. 멀리 어슴푸레 봉실산 능선이 보이고 싸늘한 겨울 밤하늘에 별이 총총했다.

(2020. 2.)

# 실패한 이야기도 좋은 스펙이다

8월 하순, 여름도 끝자락인데 여전히 찜통더위와 열대야가 기승을 부리고 있다. 이런 날씨가 9월까지 이어진다는 예보가 있고, 일본에서는 폭염으로 몇백 명이 사망했다는 보도도 나온다. 그런가 하면 압록강이 범람하여 대홍수가 나고, 러시아에서는 거대한 산불이 났다고 한다. 지구촌 곳곳에서 제트 기류 때문이라고 하지만 예측불허의 이상 기후가 나타나고 있어 걱정스럽기도 하다. 참으로 요란한 여름이다.

늦은 밤까지 푹푹 찌는 열대야로 잠 못 이룰 때, 그나마 괜찮은 즐거움이 있다면 모 방송국의 제빵 드라마가 아닌가 싶다. 어릴 적 눈물 흘리며 읽었던 동화《엄마 찾아 삼만 리》를 연상케 하는 주인공의 어린 시절 이야기도 좋지만, '제빵'이라는 소재도 흥미로웠다. 유난히 빵을 좋아하는 것도 아니고 직접 만들어 본 경험도 없지만, 지난 학기 내내 자격증 취득을 위해 매주 월요일 오후면 빵을 굽는 고소한 냄새를 온 학교에 진동시켰던 방과 후 제빵 반 아이들 때문이다. 땀 흘려 만든 각양각색의 빵을, 그것도 갓 구워낸 뜨끈뜨끈한 빵을 제일 먼저 나에게 주려고 달려온 아이들. 껍질이 딱딱하기도 하고 때로는 밑바닥이 까맣게 타기도 해서 아직은 제대로 맛을 평가할 수는 없지만 그들의 표정만은 드라마 주인공만큼이나 진지했다.

더 흥미진진한 것은 출생과 성장 과정이 다른 두 주인공이 명장으로 인정받기 위하여 빵 만드는 경합을 벌이는 대목이었다. 소위 '빵 배틀'인 셈이다. 빵의 가장 중요한 재료인 밀가루와 이스트 없이 '세상에서 제일 재미있는 빵'을 만드는 경합에서 스승이 내려준 평가는 짜증 나는 여름밤에 모처럼 가슴을 훈훈하게 적시는 감동을 주면서 진지하게 세상사는 법을 다시 생각하게 하였다. 결과는 실패였지만 이스트 없이 빵을 만들기 위해 무수히 많은 시도를 해 본 제자는 합격시키고, 결과는 성공이었지만 스스로 노력하지 않고 남이 알려준 방법으로 빵을 만든 제자는 불합격시켰다. 과정이야 어찌되든 결과적으로 성공한 이야기에 박수 보내고 성공한 사람을 부러워하는데 익숙한 우리 사회에, 아니 무엇이 진실이고 아름다운 것인지를 순간순간 잊고 사는 우리에게 비록 실패했을지라도 도전하고 또 노력하는 과정 그 자체가 아름답다고 그래서 더 많은 박수와 격려를 보내야 한다고 작가는 이야기하고 싶었던 것일까.

수능이 얼마 남지 않은 고3 교실은 폭염보다 더 뜨거운 열기로 가득 차 있다. 최종 마무리 공부와 수능 원서 작성, 수시전형에 필요한 자기소개서 작성에 학생도 선생님도 긴장하고 있고, 학부모 역시 초조한 마음으로 지켜보고 있다. 우리 학교도 수시 전형에 응시할 학생들이 자기소개서에 들어갈 지난 3년 동안 고등학교 시절의 활동, 소위 말하는 대입 스펙(spec)을 챙기느라 정신이 없다. 자기소개서에는 자신의 성장배경과 학교생활, 학과 지원동기, 향후 학업계획 등이 포함된다. 입시전문가들은 대학마다 조금은 다르지만 거의 비슷한 양식에 비슷한 내용으로 자기소개서를 채워 넣는다면 경쟁력은 없다고 말한다. 그래서 차별화가 필요하고 자신만의 독특한 스토리, 바로 남다른 스펙이 필요하다는 것이다.

대부분은 스펙하면 우선 '무엇을 잘해서 상도 타고 자격증도 땄다.'와 같은 성공한 이야기를 떠올린다. 그리고 막상 준비하려고 보면 무엇을 어찌해야 하는지 막막해 하다 그냥 시도해보지도 않고 미리 포기해 버린다. 그러나 정말 좋은 스펙은 상을 타거나 자격증이 전부가 아니라고 생각한다. 말 그대로 자신만의 독특한 스토리가 바로 경쟁력 있는 스펙이고, 성공한 이야기도 중요하지만 실패한 이야기도 좋은 스펙이 될 수 있어야 한다. 진정으로 스스로 노력했다면 실패도 존중받아야 하지 않을까.

마치 드라마에서 실패한 제자의 손을 들어주는 스승이 있어 우리에게 감동을 주듯이, 실패를 두려워하지 않고 도전해 보고, 설령 실패했다 해도 그 실패를 존중해주는 사회, 그리고 도전에 박수를 보내는 사회를 꿈꾸어 본다. 그리고 그런 세상이 결코 드라마 속의 이야기가 아니고, 한여름밤의 꿈도 아니기를 간절히 바랐던 무더운 여름밤이었다.

(2010. 8.)

# 꽃파도

청산도! 이름만 들어도 남쪽의 푸른 바다가 눈앞에 펼쳐지는 아름다운 섬, 그곳에 드디어 지난 주말에 다녀왔다. 이청준의 소설로, 영화 〈서편제〉로, 드라마 〈봄의 왈츠〉로 잘 알려진 섬이고 최근에는 아시아 최초의 슬로시티로 선정되어 많은 사람이 찾는 섬이었다. 느리게 산다는 것에 공감하면서 봄이 되면 노란 유채꽃이 핀 남도 푸른 바닷길을 천천히 걷는 것이 한동안 소원이었다. 비록 꽃 피는 봄은 아니었으나 신록이 짙어가는 초여름에 운 좋게도 그 꿈이 이루어지게 된 셈이다.

한 폭의 그림이었다. 마침 오락가락하던 비까지 그쳐 깨끗한 섬이었다. 〈서편제〉를 찍었던 돌담길을 지나 해변을 끼고 화랑포로 가는 길은 바다의 푸른 파도와 땅의 싱그러운 초록이 어우러져 환상이었다. 지명 '화랑花浪'은 순우리말로 '꽃파도'란다. 푸른 파도가 너울거리며 부서지는 모습이 마치 꽃이 피고 지는 모습과 같아 그렇게 이름 지었다는 설명을 들었을 때 정말 자연의 아름다움을 보는 선조들의 안목과 우리말의 아름다움에 그대로 압도당하고 말았다.

그날 밤, 우리는 남쪽 바다 외딴 섬 민박집에서 우루과이와의 월드컵 16강전을 보았다. 온 나라가 들썩거렸던 터라 굳이 그때의 흥분과 아쉬움을 말하고자 하는 건 아니지만 낮에 본 그 아름답던 꽃 파도를 밤늦게 TV에서 다시 보았다. 거대한 붉은 꽃파도였다. 전국 방방곡곡에서 거대한 붉은 꽃이 마치 파도처럼 하염없이 몰려왔다 부서지고 또 몰려오곤 했다. 비록 아쉬운 패배였지만 그라운드에 피어난 선수들의 투혼도 아름다웠고 거리 곳곳의 붉은 꽃파도는 더더욱 아름다웠다.

다음날, 우리는 또 다른 꽃파도를 보았다. 우리나라 축구 역사를 새롭게 쓰면서 우리를 그렇게 행복하게 했고 그렇게 많은 자부심을 심어 주었던 선수들에 대한 격려와 위로의 물결들이 파도가 되어 밀려오고 있었다. 쓸쓸히 퇴장하는 노장 선수들과 힘차게 떠오르는 젊은 선수들의 이야기가 모두의 가슴을 뭉클하게 했다. "그 누구로부터 우리는 비난받지 않았으면 좋겠다. 우리는 다음 세대에게 마땅히 해줘야 할 일을 해냈다고 생각한다. 후배들이 우리를 자랑스럽게 생각해주길 바란다."라면서 눈물을 흘렸던 이영표 선수나 "나의 월드컵 시대는 끝났다. 이제는 내가 먼저 물러나야 후배들에게 더 많은 기회를 줄 수 있다."라고 담담하게 말하는 박지성 선수의 말에 그만 울컥했다.

파도가 너울거리며 꽃으로 다시 태어나 아름다운 풍광을 만들어내듯 우리가 사는 이 세상은 부모가 자식에게, 어른이 아이에게, 선배가 후배에게 사랑을 물려주고 물려받으면서 파도처럼 이어지고 있다. 역사는 그렇게 말없이 세대 간에 이웃 간에 내리사랑으로 주고받으면서 발전하고 있는 건 아닐까. 때로는 자기만 소중하고 자기만 옳다고 외쳐대는 세상 사람들에게 성난 파도가 쓰나미 되어 휩쓸기도 하고, 때로는 누가 봐주지 않아도 누가 알아주지 않아도 묵묵히 자신의 자리를 지키면서 제 할 일을 해내는 사람들의 이야기가 잔잔한 꽃파도가 되어 세상을 훈훈하게 만들기도 한다.

요즘 교육 현장에는 거대한 파도가 밀려오고 있다. 교육이 바뀌어야 한다는 소리가 높아지면서 강도 높은 개혁을 주장했던 새 교육감에게 거는 기대의 소리 또한 높다. 우리 아이들이 살아가야 할 세상이다. 후세들에게 더 나은 모습으로 물려줘야 할 세상이다. 모두가 한마음 한뜻으로 힘을 합쳐 지금 밀려오는 거대한 개혁의 파도를 맞이해야 한다.

마치 청산도가 오랜 세월을 거치면서 꽃파도를 만들어 아름다운 느린 섬 슬로시티가 되었듯이, 지금 밀려오는 개혁의 파도가 학교에서 가정에서 사회에서 꽃파도로 천천히 피어나 모두가 바라는 아름답고 멋진 신세계를 만들었으면 한다. 그래서 교직을 꽃자리라 여기면서 날마다 주어진 직분에 충실하게 책임과 의무를 다하면서 설레는 마음으로 아이들을 기다리고 있는 이 땅의 선생님들이 그 누구로부터 비난받지 않았으면 한다. 당당히 존중받길 바란다. 그리고 후세들에게 자랑스럽게 기억될 수 있길 바란다. 우리 세대에 마땅히 해줘야 할 일을 해냈다고 눈물 흘리며 했던 이영표 선수의 말이 '이제는 당신 차례야.'라고 메아리쳐 자꾸만 귓가에 맴돈다.

(2010. 6.)

# 아, 대한민국! 아아, 우리 조국!

“하늘엔 조각구름 떠 있고 강물엔 유람선이 떠 있고/ 저마다 누려야 할 행복이 언제나 자유로운 곳… 원하는 것은 무엇이든 얻을 수 있고/ 뜻하는 것은 무엇이건 될 수가 있어/ 아아 우리 대한민국 아아 우리 조국/ 아아 영원토록 사랑하리라”

그 아이들의 엄마 아빠가 고등학교 시절에 귀가 닳도록 밤낮으로 들었던 노래일 것이다. TV나 라디오를 켰다 하면 〈아 대한민국〉이라는 노래가 온 나라를 휩쓸던 때가 1980년대 중반이었으니, 그 당시 고등학생이었고 30살 전후해서 결혼을 했다면 올해로 딱 고등학생 자녀를 둔 부모가 되었을 것이다.

그 부모들도 고등학교 2학년 이맘때, 아마도 배를 타고 제주도로 단체 수학여행을 갔을 것이다. 갑판 위에서 하늘에 떠있는 흰 구름을 보았을 것이고, 푸른 파도 넘실거리는 물살을 가르면서 〈아 대한민국〉 노래를 불렀을 것이다. 이렇게 멋지고 즐거운 수학여행을 갈 수 있는 우리나라는 참 좋은 나라라고 생각했을 것이다.

삼십여 년의 세월이 흐른 오늘, 그 부모들은 칠흑같이 어둡고 바람이 부는 진도 앞바다에서 불러도, 불러도 대답 없는 아들, 딸을 목 놓아 부르고 있다. 제발 살아서 돌아오라고. 제발 조금만 좀 더 견뎌달라고. 그 슬픔을, 그 아픔을 어찌해야 하나.

세월호! 이름만큼이나 늙고 낡은 배였다고 한다. 남의 나라에서 폐기 처분할 배를 사다가 객실을 늘려서까지 운행한 여객선. 승객들을 버리고 나 홀로 먼저 탈출한 선장. 묶지도 않은 과적 화물. 승객수도, 화물수도 제대로 파악 못 하는 당국. 침몰 원인도, 구조 방법도, 구조된 숫자도 모르는 정부. 책임자는 엄벌에 처하겠다고 으름장만 놓는 국정 책임자. 수많은 대책본부가 생겨났지만 진정한 컨트롤 타워의 부재. 위로한답시고 방문하여 기념사진이나 찍고 가는 고위 관료. 세월호를 위해 기도하겠다며 선거운동 문자 돌리는 정치인. 어김없이 등장하는 북한 소행 주장.

뒤죽박죽, 우왕좌왕, 우물쭈물, 오락가락……. 정말 어디서부터 잘못된 것일까. 처음부터 끝까지 잘못되었다. 정부도, 정치인도, 군인도, 경찰도, 선장도 모두가 잘못되었다. 잊을 만하면 터지는 전형적인 후진국 형 대형사고! 이것이 바로 G20라면서 국격國格을 운운하던 우리 조국이고 우리 대한민국이란 말인가.

'그대로 있어라.'는 말을 듣고 구명조끼를 입고 선실 한쪽 칸막이에 차곡차곡 앉아있던 착하디착한 아이들. 기울어져 가는 배 안에서 "엄마, 내가 말 못 할까봐 보내놓는다. 사랑해요."라고 카톡을 넣은 아들과 영문도 모르고 "엄마도 사랑한다."고 하트까지 보낸 엄마. 서서히 물이 차오르는 급박한 상황에서도 "샘, 괜찮나요? 조끼 입었나요?"라고 선생님을 챙기는 아이들. "우리 끝까지 정신 차리자. 여러분, 사랑합니다."라고 아이들을 다독이면서, 구명조끼를 나누어주고 이리 뛰고 저리 뛰어 아이들을 구하다가 끝내 바다로 사라져간 젊은 남녀 선생님들. "혼자 살기 힘에 벅차다. 내 몸뚱이를 불살라 침몰지역에 뿌려 달라. 녀석들과 함께 저승에서도 선생 할까." 하면서 스스로 죽음을 택했던 교감 선생님. "과제 – 꼭 돌아오기, 죽지 말기"라는 스티커를 붙이며 친구를, 후배를, 선배를 기다리는 아이들.

아아. 정말 이건 지옥이다. 부끄럽고 또 부끄럽다. 도대체 그들에게 대한민국은 무엇인가. 그들에게 조국이란 무엇인가. 우리는 얼마나 더 많은 꽃다운 목숨들이 사라져야 정신을 차린단 말인가. 너무 참담하고 기운이 빠진다. 그게 어디 나뿐이랴, 온 국민이 아니 온 나라가 모두 우울하다. '당장 배로 돌아가라'고 승객을 버리고 혼자 탈출한 선장에게 호통쳤다는 해안경비대장과 대량 학살 죄, 배를 좌초시킨 죄로 2,679년형을 구형했다는 이탈리아 이야기는 먼 나라

이야기일 뿐일까.

죽어간 아이들도, 살아남은 아이들도, 기다리는 아이들도 모두 우리 아이들이다. 그 아이들에게 우리는 무엇을 가르쳐야 하나. 어쩌면 지금 우리가 해야 할 일은 독일 열차 사고 추모비에 쓰여 있다는 '반드시 기억할 것. 절대 잊지 말 것' 딱 두 마디일지도 모른다. 두 번 다시 이러한 비극이 생기지 않기 위해서 학교나 가정, 사회가 손잡고 처절하게 고민해야 한다. 수학 공식이나 영어 회화가 아닌 자신의 소중한 생명을 지키기 위한 지혜를 키워주어야 한다. 나만 잘하면 되고, 나만 피해 안 보면 된다는 지금의 경쟁에서 살아남는 교육이 아닌 위기에 처했을 때 더불어 같이 살아남는 공동체의식을 심어주는 교육이 절대적으로 필요하다. 그래서 이 땅에 더 이상 나 홀로 탈출하는 선장은 나와서는 안 된다.

지금 최우선으로 생각해야 할 사람은 살아남은 아이들과 희생자의 가족과 친구일 것이다. 사람은 울고 싶을 때 울어야 한다. 슬픔은 나누면 반이 된다고 한다. 더 이상 혼자만 살아남았다고 스스로를 자책하는 불행한 사람이 나와서는 안 된다. 그들에게는 따뜻한 말 한마디, 따뜻한 손길이 절실할 것이다. 그래서 전국에서 개인 구호품을 보낸 90%가 10대 아이들이라는 소식에 한 줄기 희망을 본다. '어린이는 어른의 아버지'라는 어느 시인의 말처럼 자라나는 아이들은 언제나 우리의 희망이고 미래여야 한다.

살아남은 아이들이 온전하게 잘 커서 어른이 되고, 부모가 되어 그 아이들의 아이들은 정말 대한민국은 자랑스러운 우리의 조국이라고 〈아 대한민국〉 노래를 목청껏 부르는 날이 오기를 바라는 마음 간절하다.

(2014. 4.)

# 두 개의 골든타임

지난주 일요일 아침, 모처럼 느긋하게 아침을 먹고 TV를 켠 순간, 화면 하단에 '○○그룹 회장, 어젯밤 심폐소생술로 위기 넘겨'라는 제목의 뉴스 속보가 눈길을 끌었다. 내용인즉 지난밤 늦은 시간에 급성 심근경색으로 한때 호흡과 심장이 거의 멈췄으나 비서진과 ○○ 대학병원 의료진의 신속한 조치로 생명을 건졌다는 것이었다. 리모컨을 쥐고 있던 손에 힘이 쭉 빠졌다. 뇌출혈로 쓰러지셔서 응급실로 옮겼으나 수술은커녕 끝내 깨어나지도 못하고 제대로 작별 인사도 못 한 채 돌아가신 친정어머니 생각이 났다.

이어지는 화면에는 '○○을 살린 골든타임'이라는 자막과 함께 5분만 늦었어도 상황이 달라졌을 거라는 기자의 설명이 있었다. 기분이 착잡했다. 어머니도 쓰러지신 직후 제대로 응급조치를 했더라면 그렇게 허망하게 돌아가시지 않았을지도 모른다는 생각이 아직도 가슴속에 응어리져 남아있기 때문이다. 물론 상황이 다를 수도 있겠지만 결과적으로 보면 적어도 어머니에게 주어진 골든타임은 제대로 살리지 못했고, ○○회장은 충분히 살렸다는 차이가 있다.

흔히 골든타임은 방송에서 시청률이 가장 치솟는 시간대, 즉 '황금 시간대'로 알고 있지만, 병원이나 각종 사고 현장에서는 전혀 다른 뜻으로 사용된다고 한다. 병원에서는 위급 환자가 생겼을 때 생명을 살릴 수 있는 5분 내지는 10분 이내의 '금쪽같은 시간'을 '골든타임'이라고 한다. 한편 일상에서 불의의 사고가 발생했을 때 30분 이내의 초동대응에 따라 삶과 죽음을 갈라놓을 수도 있는데 이 또한 '골든타임'이라고 한다. 뜻밖의 사고로 인한 위기의 순간을 극복하느냐 마느냐에 따라 골든타임은 최선과 최악의 양면을 가진 야누스와 같기도 하다.

세월호가 침몰했던 날, 밤늦게까지 인터넷을 뒤지다가 '골든타임을 놓쳤다'라는 기사를 보았다. 거꾸로 뒤집힌 세월호에서 승객들이 기울어진 선체의 외벽을 타고 필사적으로 바닷속으로 뛰어들어 간신히 구조되는 사진이 큼직하게 1면을 차지하고 있었다. 그때만 해도 내일이면 모두 당연히 그렇게 구출되리라 믿었다. 그러나 하루, 이틀 시간이 흐르면서 흔적도 없이 물속으로 사라져 버린 세월호처럼 혹여 그들도 살아 돌아오지 못하고 영영 바닷속으로 사라지는 것은 아닌지 가슴을 졸여야 했다. 그 많은 사람을 단 한 명도 살려내지 못하고 날마다 싸늘한 주검으로 돌아오는 것을 보면서, 왜 우리는 그렇게 귀중한 골든타임을 놓쳐야 했는지 분노하고 절망했다.

돌이켜보면 나에게도 중요한 삶의 순간마다 골든타임은 있었다. 내 인생의 최초의 황금기는 아마도 여고 시험에 합격했던 때가 아닌가 싶다. 당시는 고교평준화 이전이어서 J여고 입학시험에 합격했다 하면 주변의 많은 부러움을 사던 시절이었다. 그러나 합격의 기쁨은 잠시였고, 가난한 자취생으로 시작한 여고 시절은 감수성이 예민한 사춘기를 거치면서 집 떠난 외로움과 도시 친구들에게 뒤지고 싶지 않았던 자존심 때문에 수없이 좌절하고 상처받아야 했다. 그래서 남들보다 더 지독히 노력했고, 노력한 만큼 결실이 주어진다는 평범한 인생의 진리를 어설프게나마 깨닫게 된 것도 여고 시절이었다.

그러고 보니 지금까지 살아오면서 어느 한순간이 황금기다 싶으면 바로 그 황금기는 또 다른 위기의 시작이고, 그 위기를 극복하면 다시 황금기가 찾아오곤 했다. 그래서 삶은 황금기와 위기가 끊임없이 반복되는 과정이고, 그래서 '돌고 도는 물레방아 인생'이라는 말도, '인간사 새옹지마塞翁之馬'라는 말도 생기게 되지 않았나 싶다.

문제는 어리석게도 우리는 정작 황금기일 때는 만족할 줄 모르고 더 많은 부와 더 높은 지위, 더 큰 명예를 끝없이 쫓는가 하면, 위기가 닥칠 때는 세상이 다 끝난 것처럼 쉽게 자포자기自暴自棄한다는 점이다. 그러나 현명한 사람이라면 황금기이든 위기이든 간에 각자에게 주어지는 골든타임을 어떻게 쓰느냐에 따라 인생이 불행해질 수도 있고 행복해질 수 있다는 점을 알고 있을 것이다.

그날 아침, ○○회장과 세월호의 서로 다른 두 개의 골든타임을 보면서 문득 '나 우물쭈물하다가 이렇게 될 줄 알았다.'는 버나드 쇼의 묘비명이 머리를 스쳤다. 먼 훗날 나의 묘비명에도 혹시 '우물쭈물하다가 나, 골든타임을 놓치고 말았다.'라고 써지는 건 아닐까. 아니면 '어리바리한 나, 골든타임을 이렇게 잡았다.'라고 쓰여질까. 이런저런 생각에 하루 내내 씁쓸한 기분을 떨칠 수 없었지만, 5월의 햇빛은 여전히 찬란했고 하늘은 높고 푸르렀다. 무심한 하루였다.

(2014. 5.)

# 치즈는 하나의 오케스트라다

언제부터인지 임실 하면 치즈를 떠올린다. 거리에서 눈에 띄는 임실치즈피자 간판이나 TV광고 덕분이겠지만 사실 임실이 고향인 나 자신도 치즈는 대표적인 서양 식품인데 어쩌다가 산 좋고 물 좋은 농촌마을인 임실의 특산품이 되었나가 늘 궁금했다. 35년 만에 고향 학교에 부임하면서 그 궁금증은 반드시 알아야 할 숙제가 되었다. 왜냐면 임실고는 우리나라 유일의 치즈과가 있기 때문이다.

치즈는 한마디로 우유를 유산균이나 효소작용으로 응고시켜 수분을 제거하여 발효시킨 것이다. 이러한 치즈는 단백질, 칼슘, 비타민 A 등 여러 비타민과 다양한 미네랄 성분이 우유에 비해 10배 정도 농축되어 있다. 또한 발효식품 중에서 역사가 가장 오래되고 영양가가 높아 '신으로부터 물려받은 최고의 식품'이라고도 한다. 어쩌면 우리의 된장, 청국장과 비슷하다. 메주콩을 익혀 발효시킨 뒤 바로 먹으면 청국장이고, 오래 건조하여 소금물에 담그면 간장과 된장이라는 고단백 영양식품으로 되는 것과 비슷한 이치이다.

임실에 치즈가 생산된 건 순전히 지정환 신부님 덕분이다. 이미 고인이 되신 신부님은 벨기에 태생으로 한국전쟁을 계기로 우리나라에서 사목활동을 하셨는데, 1960년대에 임실성당 신부로 부임하셨다. 임실에서 가난에 시달리는 농민들의 모습을 보고 산양의 젖으로 치즈를 만들기로 결심하고 부모로부터 받은 이천 달러를 들여 우리나라 최초로 임실에 치즈공장을 설립했다고 한다. 처음에 성과가 나오지 않자 프랑스, 이탈리아를 견학하면서 치즈제조기술을 전수받았고 몇 년 후 우리나라 최초의 치즈생산에 성공했다.

그때부터 임실치즈는 서울의 특급호텔에 납품할 정도 품질이 좋았고, 후에 치즈공장을 주민협동조합으로 개편하여 모든 운영권과 소유권을 농민에게 돌려줘 그들의 삶을 실질적으로 도와주었다. 치즈가 지역특산품으로 농가수입의 역할을 톡톡히 하고 있어 신부님의 염원이 조금씩 이루어지고 있을 때, 치즈과가 임실고에 생겨난 것은 자연스러운 필요충분 이유였다. 따라서 학교는 지역사회와 치즈과 학생들의 꿈을 실현하기 위한 뭔가가 필요했다.

그해 9월 우리는 7박 9일 일정으로 치즈과 2학년 10명과 스위스로 치즈캠프를 다녀왔다. 임실군청과 임실치즈농협에서 예산을 지원하여 세계 최고 품질의 스위스 5대 명품 치즈 공장과 유가공 학교를 견학하고, 세계적으로 치즈재료를 판매하고 있는 코널피겐 회사 견학 등 제조에서 판매까지 스위스 치즈산업 현장을 방문하는 야심찬 일정이었다. 왜 스위스인가는 지역내 치즈 마이스터가 스위스에서 공부했기 때문이었다.

치즈는 나라마다 이름이 다르다. 영어는 치즈(Cheese), 독일어는 케제(Käse), 이탈리아어는 까시오(Casio), 프랑스어는 프로마쥬(Fromage)라 부른다. 이렇게 치즈를 다르게 부르는 것은 우유의 산지와 종류에 따라서 맛과 향이 다르게 만들어지기 때문이다. 실제 우리가 방문했던 스위스만도 치즈 종류는 3,000개가 넘고, 각각이 명칭도, 맛도, 모양도 조금씩 달랐다.

캠프 내내 스위스에 머물면서 우리는 치즈 대신 '케제'에 익숙해졌고, 견학이 가능한 치즈 공장인 '샤유케제라이(Schau Käserei)'를 방문했다. '공장'이라면 밋밋한 콘크리트 건물 안에 기계들이 즐비하게 있는 광경을 연상하지만, 그곳은 우리의 고정관념을 완전히 빗나가게 했다. 입구에 들어서면 이름 모를 꽃들과 분수대가 있는 정원이 있고, 예쁘고 아담한 창틀마다 빨갛고 노란 꽃들을 내걸어 놓아 언뜻 봐서는 아름답게 지어진 우리나라의 놀이공원 같았다.

건물 내부는 대부분 그 지역 특산품인 치즈가 예쁘게 전시된 판매장이 있고, 한쪽은 방문자가 치즈 제조과정을 한눈에 볼 수 있도록 설비를 갖추고 마이스터가 직접 치즈를 만들고 있었다. 다른 쪽은 방문자들이 치즈로 만든 다양한 음식을 사 먹을 수 있는 레스토랑도 있었다. 한마디로 공장 견학 자체가 치즈 제조과정, 판매장, 레스토랑을 모두 경험할 수 있도록 one-stop 체제로 선진화되어 있었다.

첫날, 우리는 영화 〈사운드 오브 뮤직〉의 무대이자 동화 속 나라 같은 아펜젤 마을과 아펜젤 치즈 공장을 갔다. 아펜젤 치즈는 약간 햇볕에 그을린 듯한데, 이는 그 지역의 허브와 향신료, 소금으로 계속 닦아주면서 생긴 것으로 독특한 과일 향이 있었다. 또한 열을 가하면 늘어지는 성질 때문에 그라탱이나 퐁듀에 많이 사용하며 스위스 내 소비가 가장 많다고 한다.

둘째 날은 만화 〈톰과 제리〉에서 쥐 제리를 유혹하는 노란 구멍이 숭숭 난 에멘탈 치즈 공장이었다. 치즈 하면 에멘탈을 떠올릴 정도로 스위스 대표 치즈로 생산량과 소비량도 압도적으로 많지만 품질도 단연 스위스에서 최고라 한다.

셋째 날은 얼룩무늬 젖소와 목가적 풍경, 치즈, 그리고 스위스에서 가장 오래되고 아름다운 그뤼에르 성을 방문했다. 중세 12세기경에 세워졌다는 성안에는 리스트(Liszt)의 피아노와 코로의 그림, 마르세이유 궁전의 화원을 옮겨놓은 듯한 예쁜 정원과 성곽 곳곳에 네모난 석창 밖으로 본 마을 풍경, 끝없이 펼쳐지는 초록빛 알프스의 아름다운 풍경은 하나하나가 바로 그림엽서가 되었다. 그뤼에르 치즈는 성 이름을 딴 것으로 에멘탈 치즈만큼 스위스 대표 치즈로 소비량이 많으며 퐁듀의 주재료로 쓰이며 담백한 맛이어서 그냥 먹어도 우리 입맛에 잘 맞았다.

넷째 날은 티틀리스가 보이는 엥겔베르그 수도원 내의 까망베르(Camembert) 치즈 공장이었다. '천사의 마을'을 뜻하는 엥겔베르그는 알프스의 백미인 티틀리스로 가는 길에 있는 루체른 근처의 작은 산골 마을로, 까망베르 치즈는 겉은 하얀색 라인드로 덮여 있으며 속은 말랑말랑한 연성 치즈였다. 버섯 향이 나며 맛이 부드럽고 풍부했고 관광객이 쉽게 살 수 있도록 작은 모양으로 포장한 것이 특색이었다. 스위스를 상징하는 에델바이스, 얼룩소, 빨간 스위스 국기, 눈덮인 알프스를 도안하여 관광객의 눈길을 끌었다. 이런 판매 전략은 스위스에서 맨 처음 도입하였는데 매일 수많은 관광객 유치로 이어졌고, 특히 부근에 알프스 최고의 관광코스인 티틀리스가 있다는 장점을 살려 치즈 공장과 판매장, 레스토랑을 패키지화 했다는 점이 돋보였다.

마지막 날 찾아간 곳은 리기산 기슭에 있는 라끌렛(Raclette) 치즈 공장이었다. 스위스 대표 전통음식으로 퐁듀와 라끌렛이 있다. 퐁듀(fondue)는 식탁에 작은 항아리를 불에 올려놓고 치즈나 초콜릿 등을 녹여가며 먹는 요리로, 치즈 퐁듀는 치즈를 녹여 빵이나 소시지를 찍어 먹는다. 라끌렛은 딱 치즈 한 토막 정도 녹일 크기의 장난감같이 생긴 그릴에 치즈를 녹여 삶은 감자나 야채, 새우, 고기 위에 부어서 먹는 요리로 부드럽고 따뜻한 치즈 맛을 느낄 수 있다. 사각형의 몰딩 중인 치즈가 우리의 대형 두부 같았다.

흔히 음악을 말할 때 한, 두 사람이 연주하고 노래 부르는 독주회, 독창회, 중창단, 실내악단도 의미 있지만, 여러 악기가 여러 사람에 의해 하나의 하모니를 이루어내는 오케스트라의 웅장하고 장엄한 음악에 더 큰 의미를 부여한다. 오케스트라는 무대에 오르기까지 수많은 사람과 과정이 필요하다. 악보와 악기, 연주자와 지휘자, 연습과 무대가 있어야 하며, 무엇보다도 관객이 있어야 비로소 완성된다.

이번 캠프 기간 내내 '치즈는 하나의 오케스트라와 같다.'라는 임실에서 치즈를 만드는 장인의 말이 머릿속을 맴돌았다. 치즈 한 조각이 식탁에 올라오기까지 젖소를 키우고 우유를 생산하는 데 필요한 초지부터 우유에서 치즈를 만들어내는 과정까지 수많은 사람과 수많은 과정이 합쳐져서 만들어내는 하나의 오케스트라에 비유한 것이다. 불타는 열정과 집념으로 오랜 시간을 스위스에서 치즈를 공부하고, 고향에 돌아와서 치즈를 만드는 분이기에 치즈에 대한 무한한 사랑을 그렇게 표현했을 것이다.

그렇다면 임실치즈는 임실사람들이 연주하는 오케스트라다. 소를 키워 우유를 생산하는 사람도, 우유로 치즈를 만들어내는 사람도, 치즈를 판매하는 사람도, 치즈를 사랑하고 사 먹는 사람도 모두가 오케스트라 단원인 셈이다. 더불어 이번 치즈캠프에 참여한 우리 학생들 역시 미래의 임실치즈 오케스트라 단원이 될 것이다. 아직 정식 입단은 하지 않았지만 어떤 악기로 어떤 음을 내고 어떻게 하모니를 이루어낼 것인가를 준비하여 아름다운 음악을 연주할 역량을 키워줘야 할 몫은 학교였다.

즐거운 상상은 꼬리에 꼬리를 물어 스위스 캠프 내내 하루 12시간 이상 일정을 강행해도 시간가는 줄도, 피곤한 줄도 몰랐다. 미래의 상상 속 치즈 오케스트라의 아름다운 화음이 아득히 들리는 듯 꿈같은 시간이었다.

(2010. 9.)

# 천 냥 빚이 된 말 한마디

37년 전, 3년 차 풋풋한 새내기 교사 시절이었다. 첫 발령을 고창 해리로 받아 서해 바닷가 가까운 곳에서 근무하다 2년 뒤 임실 갈담에 있는 학교로 옮겨왔다. 학교 뒤편은 한국전쟁 당시 빨치산들의 활동무대였다는 회문산으로 이어지는 가파른 산등성이었고 골짜기마다 다랑이논이 빼곡했다. 다랑이 사이로 졸졸 흘러내린 물이 학교 앞을 지나면서 개울이 되고 학교 앞산 골짜기에서도 흘러내린 시냇물이 모여들어 제법 큰 냇가를 만들더니 이내 섬진강 상류가 되어 흐르고 있었다.

산을 깎아 세운 학교라 신작로에서 교문까지는 상당히 가파른 오르막길이었다. 전주에서 첫 버스를 타고 와야 겨우 첫 시간을 맞출 수 있었고, 아침도 못 먹고 잠도 덜 깬 채 허겁지겁 1교시 수업을 들어가면 이미 기진맥진했다. 그래도 지금은 사라진 영어 카세트테이프 리코더를 틀어주고 순박했던 아이들의 영어책 따라 읽는 소리를 들으며 커피 한잔 마시는 게 그 시절 아침나절의 유일한 행복이었다.

달달한 믹스커피를 마시면서 이층 교실에서 창밖을 보면 저 아래 느리게 흐르는 냇가 따라 신작로가 나 있고, 휙 돌아가는 구부러진 신작로를 따라서 키 큰 플라타너스가 줄지어 서 있었다. 어쩌다 탈탈거리며 완행버스라도 지나가면 흙먼지가 뿌옇게 일어나곤 했는데, 재미난 것은 냇물도, 신작로도, 플라타너스도, 완행버스도, 심지어 버스가 지나갈 때 생기는 흙먼지조차도 뿌옇게 굵은 S 라인을 그리면서 같이 따라 휙 도는 것이었다.

그 시절, 아침마다 신작로 가로수를 보면서 읊조리던 노래가 있었다. 얼굴이 길쭉하여 말상이라고 놀리면서도 좋아했던 가수가 부른 〈가로수 그늘 아래 서면〉이라는 노래다. 세월이 흘러도 언제 어디서나 그 노래가 나오면 행복했던 그 시절로 되돌아가고, 그때마다 어김없이 떠오르는 한 얼굴이 있으니, 그녀에게 꼭 갚아야 하는 빚이 되어버린 말 한마디의 씁쓸함 때문이다.

구절초인지 쑥부쟁이인지 잘 기억나진 않는다. 어느 가을날 아침, 누군가가 교탁 위에 보랏빛 꽃 한 묶음을 병에다 꽂아 놓았다.

시골이다 보니 꽃병이 있을 리 만무하고 아마 음료수병에다 꽂아 놨을 성싶다. 여하튼 조회 시간에 들어간 내가 그 꽃병을 보면서 엄청 환한 웃음을 지었다고 했다. 그리고는 누가 이 꽃을 가져왔냐고 물었고, 아이들이 누구누구라고 대답하자 내가 대뜸 "어머나, 정○○가 꽃도 꽂아 놓을 줄 알았어?"라고 말했다는 것이다. 아, 말이란 정말 한마디 한마디가 뜻도 중요하지만 말할 때 어투나 표정은 얼마나 중요한 걸까? 오죽하면 같은 말이라도 '아 다르고 어 다르다.'는 속담이 있을까. 아마도 그날 나는 감동과 칭찬으로 했던 말임에 틀림없을 것이다. 이른 아침부터 꽃을 보고 화를 낼 사람은 없지 않겠는가.

강산도 변한다는 십 년이 세 번이나 지나고도 몇 년이 더 지나 그 일은 나에겐 이미 까마득히 잊혀 진 어느 해, 그 아이가 관록이 붙은 선생님이 되어 다시 만나게 될 줄이야. 김제에 부임한 지 얼마 안 되어 학교 방문길에 그 아이를, 아니 선생님이 된 그녀를 만났다. 첫눈에 알아볼 리 만무하거니와 교직원 명단을 보면서 어째 이름이 낯설지 않다 했는데, 굳이 교장 선생님이 내 제자가 있다며 소개한 사람이 바로 그녀였다. 처녀 선생님이었던 나는 이제 퇴직이 몇 해 안 남은 원로가 되고, 단발머리 중학생이던 그녀는 중견 교사가 되어 다시 만난 것이다.

그 후 며칠이 지나 그녀랑 시내에서 점심을 같이했다. 그 당시 같은 반 친구들 이야기, 남편과 자녀 이야기 등 이런저런 이야기를 하다 그녀로부터 뜻밖의 이야기를 들었다. 중학교 2, 3학년 때 나에게 영어를 배웠고 2년간 담임이었단다. 말이 없고 수줍음을 많이 탔던 그녀는 그들이 어려워하는 영어를 가르쳐 어쩐지 실력이 있어 보이는, 젊고 활달했던 담임인 나를 무척 좋아했단다. 그래도 담임 앞에서는 말 한마디 제대로 못 했던 그녀는 중3 가을 어느 날, 들판을 지나 학교에 오다가 연보라색 들꽃이 하도 예뻐서 꺾어 와 병에 꽂아 교탁 위에 놓았다고 했다.

내가 좋아할 거라는 기대감에 말도 못 하고 고개도 제대로 못 들고 숙이고 있었는데, 내가 꽃을 보면서 한 말은 "누가 꽃을 가져다 놓았니?"였고, 아이들이 누구라고 하자, "어머나, 정○○가 꽃도 가져다 꽂을 줄 알았어?"였단다. 그 순간, '나는 꽃을 가져오면 안 되는구나.', '혹시 꽃집에서 사 온 꽃이 아니고 들판에서 꺾어온 꽃이라 시시해서 그런가?'라는 생각이 들면서 너무 부끄럽고 창피해서 한동안 학교 오기가 싫었다고 했다. 아뿔싸! 내가 그때 순박한 이 아이에게 도대체 무슨 말을 한 거야. 담임 선생님이 좋아할 모습을 상상하면서 아침부터 들판에서 꽃을 꺾던 그 예쁜 마음에 대못을 박다니……. 고백건대, 맹세코 비아냥이 아니고 너무 기특하고 고마워서 내 딴엔 반어법으로 유머러스하게 툭 던진 말이었을 것이다.

삼십 년도 더 되는 세월 동안 그 아이의 가슴에 응어리져 남아있을 서러움과 섭섭함을 어찌 다 헤아려줘야 할지 막막했다. 나는 늦게라도 원래 그런 뜻이 아니었다는 것을 열다섯 단발머리 그 옛날의 그녀에게 말해야 했다. 그러나 이제 같은 교직의 길을 가고 있는 그녀에게 눈빛으로, 표정으로, 온몸으로 아니 온 마음으로 말하고 있을 뿐 나는 아무 말도 하지 못했다. 그리고 이미 천 냥 빚이 되어버린 그 말 한마디는 식은땀이 되어 마주 앉은 그녀 몰래 내 등줄기에 흥건히 흘러내리고 있었다.

(2020. 7.)

# 오! 선화공주

그해 비바람 불고 추운 11월 어느 날 김장을 했다. 하루가 아니고 나흘 내내 했다. 첫날은 밭에서 배추와 무를 뽑았고, 다음 날은 배추를 소금에 절였다. 사흘째는 절인 배추를 씻어 물기를 빼고, 무는 깍둑 모양으로 썰었다. 마늘, 파, 당근, 미나리, 청각 등 김치속 재료를 준비하고, 온종일 주차장에서 젓국도 달였다. 마지막 날은 갖은양념으로 만든 김치속을 배춧잎 사이에 버무려 넣어 김치를 담고, 깍두기도 담갔다.

살면서 그때까지 단 한 번도 김장을 주도적으로 해본 적이 없었다. 직장 일에 쫓겨 주부 역할을 제대로 못 한 탓도 있지만 신혼 초부터 시부모와 함께 살아온 터라 육아와 요리 등 집안 살림은 늘 뒷전이었다. 또한 여고 때부터 집 떠나 자취를 했기 때문에 제대로 음식 만드는 법을 배운 적도 없고 타고난 재주도 없어 감히 내가 해보겠노라 나설 용기도 없었다. 더구나 시어머니의 요리 솜씨가 워낙 뛰어나시고, 맛있는 음식을 만들어 식구뿐 아니라 이웃들과 나누어 먹기를 좋아하셨기 때문에 나에겐 음식을 만들 기회가 거의 주어지지 않았다.

그러했던 내가 먼저 김장하자고 제안할 리 만무했으니, 그건 순전히 두 사람 때문이었다. 한 사람은 지역연계 방과 후 사업을 담당했던 장학사이고, 또 한 사람은 농민회 회장이었다. 그해 무더위가 기승을 부리던 8월 초, 청 직원 대부분이 휴가를 떠나 드문드문 출근한 터라 나른하고 한가로운 시간에 그 장학사가 내 방을 찾아왔다. 아무래도 가을에 김장을 해야 할 것 같다는 이야기를 조심스럽게 꺼냈다.

김장이라니……. 집도, 학교도 아닌 교육청에서 김장을 하다니……. 평소에 그녀의 성품이나 일하는 스타일로 보아 빈말은 아닐 것이고 무슨 사연이 있겠다 싶었다. 그녀가 업무상 자주 만나는 농민회에서 지역 내 결손가정 특히 조부모, 다문화, 장애인 가정의 자녀들에게 쌀과 김치를 나누어주고 싶어 제안했다고 한다. 텃밭이 있는 학교는 교육과정의 일부로 배추를 길러 김장하는 경우가 종종 있지만 이런 경우는 처음이었다. 나는 교육청은 학교가 아니고 행정기관

이어서 김장을 교육과정 차원으로 하기에는 명분이 약한 터라 선뜻 결정을 못 하고 더 생각해 보자고 했다.

다음 날 오후, 사무실에 낯선 분이 찾아오셨다. 처음 오시는 분은 대개 명함을 내밀면서 무슨 일하는 누구라고 자신을 소개하련만 그 분은 이름 석 자를 먼저 말하고, 뒤에 '농사꾼'이라고 짤막하게 말했다. 대략 짐작되는 바가 있어 '김장하시겠다는 분이냐'고 되묻자 그렇다고 한다. 그는 50대 초반의 평범한 농부인 듯했으나 마주치는 눈빛이 예사롭지 않았다. 그는 쌀, 보리농사를 짓는 보통의 농부는 아니었다. 그는 해마다 콩, 고추, 파, 당근, 양파 등 그때그때 시세가 좋으리라 기대되는 유망 농산물을 시골의 묵혀둔 땅을 빌려 기계화와 대규모로 일 년에 번갈아 농사지어 고수익을 올리는 영농인이었다. TV에서나 봄 직한 성공한 농부 스토리의 주인공처럼 눈빛이 혁혁하게 빛났다.

그는 몇 년째 지역축제 때 시청과 함께 해마다 이삼만 포기씩 김장을 해서 독거노인과 돌봄이 필요한 취약계층의 아동과 청소년에게 쌀과 함께 김치 보내주는 일을 해오고 있다고 한다. 그러나 최근 들어 조용한 나눔을 원하는 농민들의 순수함을 단체장들이 점차 정치화 하고, 오히려 자신들의 선심성 행사에 역이용한다는데 분노했다. 교육청에서 주관하면 본래 자신들의 취지에 맞게 꼭 필요한 아이들에게 제대로 전달될 것 같다면서 김장을 같이하자고 제안했다.

세상사 다 그러하듯 선출직 위정자들에게 필요한 것은 선거에서 한 표, 한 표일 텐데, 투표권 없는 아동이나 청소년들이 눈에 들어올 리 만무했을 것이다. 김장김치 사업에 회의를 느끼고 지속여부를 고민하던 중, 해마다 김장 봉사활동을 같이하는 시내 음식점 여사장으로부터 교육청을 추천받았고, 아마 거절하지 않을 것이라는 귀띔을 주었노라고 한다.

어쩌면 이 땅에 사는 우리 모두는 농부의 자식이 아닌 사람이 드물 것이다. 그래도 우리 사회에서 소외되고 힘없는 사람들이 농민이라 하면 지나친 억지일까. 어려운 농민들이 교육자인 우리도 미처 생각하지 못한 돌봄과 나눔을 실천하여 농업이 주산업인 김제를 지켜나갈 아이들을 잘 키워내겠다는 그들의 순수함을 도저히 외면할 수는 없었다.

일단은 세상이 아무리 물질 만능 시대로 정치가 판치고 인심이 흉흉해도 아직 학교는 살아있다고 믿어주는 지역민들의 마음에 가슴이 찡했다. 아이들 교육이 학교만의 영역이 아니고 온 마을이 다 함께 관심 기울이고 지켜봐 주어야 한다는 인식을 같이하고 직접 실천하는 지역민들이 있다고 생각하니 갑자기 가슴이 뜨거워졌다. 더구나 쌀밥과 김치만 있으면 아무리 추운 겨울도 이겨낼 수 있으리라는 믿는 농민들의 순박함에 우리는 도저히 거절할 명분을 찾지 못했다.

그래, '피할 수 없으면 즐겨라.'고 했듯이 그렇다면 어떻게든 김장을 해야만 했다. 장학사들과 머리를 맞대고 몇 날 며칠을 고민한 끝에, 김장을 하나의 교육과정으로 만들자고 의견을 모았다. 배추를 심는 과정부터 물 주고 키워서, 뽑아 소금에 절이고, 씻어 건져 물 빼고, 김치속 양념을 만들어 배추잎 사이사이에 발라 김치 한 포기를 만드는 과정을 정리하여 각 학교에 보냈다. 동시에 과정마다 소요되는 자원봉사자를 학생, 교사, 학부모 대상으로 모집하였다.

드디어 8월 초순에 시작하여 11월 중순에 끝나는 100일에 걸친 대장정의 막이 올랐다. 첫날 배추 모종을 밭에 심을 때 봉사 나온 초등학생들이 도로변에서 배추밭까지 일렬로 늘어서서 배추모종 포토를 나르고, 중고등학생들은 직접 비닐 씌어진 이랑에 구멍을 뚫고 모종을 심었다. 개미군단이라는 말처럼 학생들은 뭐가 재밌는지 깔깔거리며 왁자지껄 떠들면서 작업을 했다. 낮은 구릉에 이천 평이 넘는 밭이랑이 순식간에 아기 배추와 무들이 심겨졌다. 그 후로 희망하는 학교 순서대로 일주일에 한 번씩 물을 주었다. 점점 배추 포기가 커지고 무 몸통이 굵어지면서 아이들도 마냥 신기해했다.

그 후 석 달이 지난 11월 어느 날 드디어 김장을 했다. 사흘간을 꼬박했다. 날마다 교육청 앞뒤 주차장에 발 디딜 틈도 없이 어린 학생들과 지도교사, 교장 선생님, 학부모 자원봉사자, 농민단체, 여성단체, 시민단체에서 온 자원봉사자 등 이삼백 명이 교육청 앞마당을 가득 채웠다. 특히 김치를 버무린 마지막 날은 교육청을 추천했던 여 사장네 식당에서 점심을 무료로 제공하여 시민 누구라도 와서 김장김치에 쌀밥을 먹을 수 있어 시골인심 넘치는 따뜻한 동네잔치가 되었다. 더구나 경찰서에서 지원한 전투경찰 이십여 명은 김장이 끝난 후 교육청 앞 뒤 마당과 청 내 현관을 비롯한 구석구석까지 마무리 청소를 해주었다.

김장의 마지막 하이라이트는 관내 운전기사 협회에서 김치박스와 쌀 포대를 해당 가정에 일일이 전달하는 배달 봉사 장면이었다. 그날 오후, 포터나 봉고 같은 트럭 10여 대가 교육청에 모여들었다. "○○교육지원청과 ○○농민회 증"라는 라벨이 붙여진 김치박스와 쌀 포대를 싣고 교육청 앞마당에서 줄지어 출발하는 광경은 정말 정주영 회장이 소 떼를 몰고 판문점을 넘어 북으로 달렸던 장면만큼이나 감격스럽고 장관이었다. 그날 무려 800세대가 넘는 가정에 김치 박스와 쌀 포대가 전달된 것이다.

그해 8월 초 교육자로서 도저히 거절할 수 없는 혁혁한 눈빛으로 김장을 제안했던 농민회 대표 이석봉 회장과 배추와 무 모종을 심는 날부터 김장김치와 쌀 포대를 잔뜩 싣고 트럭부대가 교육청 앞마당을 떠나던 11월 중순까지 100일간의 김장김치 대장정을 총 진두지휘한 오선화 장학사를 어찌 꿈엔들 잊으랴 싶다. 더불어 수많은 관내 학생, 학부모, 교사, 교장 자원봉사자와 지역 시민단체, 이름 모를 자원봉사자들이 엮어낸 훈훈한 김장 이야기는 김제교육의 역사에 전설처럼 남겨지리라 믿는다.

그 후로 나는 오 장학사를 이름 대신 '선화공주'라 부르곤 했다. 선화공주는 신라 진평왕의 셋째 딸로 누구보다도 아름다운 여인이었다. 서동은 그녀의 사랑을 얻기 위하여 기발한 지략을 써서 끝내 왕비로 삼았고, 자신도 백제의 무왕이 되었다는 〈서동요〉를 끄집어내지 않아도 오 장학사, 그녀는 충분히 아름다웠다. 용모뿐 아니라

어질고 넉넉한 마음씨는 공주로써 자질이 넘쳐났고, 힘들고 기나긴 김장의 전 과정을 교육적으로 해내는 용기와 지략은 공주라 부르기에 부족함이 없었다. 해마다 김장철이 되면 문득문득 생각나는 그녀, 오! 선화공주! 오늘따라 그녀가 보고 싶어 나지막하게 부르고 또 불러본다.

(2020.10.)

**김효순 수필집**

# 연두

**인쇄** 2020년 12월 22일
**발행** 2020년 12월 25일

**지은이** 김효순
**발행인** 서정환
**펴낸곳** 신아출판사
**주소** 전주시 완산구 공북1길 16 (태평동 251-30)
**전화** (02) 3675-3885, (063) 275-4000 · 0484
**팩스** (063) 274-3131
**이메일** sina321@hanmail.net essay321@hanmail.net
**출판등록** 제465-1984-000004호
**인쇄 · 제본** 신아출판사

저작권자 ⓒ 2020. 김효순
이 책의 저작권은 저자에게 있습니다. 서면에 의한 저자의 허락없이 내용의 일부를 인용하거나 발췌하는 것을 금합니다.
COPYRIGHT ⓒ 2020. by Kim Hyosun
All rights reserved including the rights of reproduction in whole or in part in any form.
저자와 협의, 인지는 생략합니다.
잘못된 책은 바꿔 드립니다.

ISBN 979-11-5933-316-3 03810

**값** 13,000**원**

이 도서의 국립중앙도서관 출판예정도서목록(CIP)은 서지정보유통지원시스템 홈페이지(http://seoji.nl.go.kr)와 국가자료공동목록시스템(http://www.nl.go.kr/kolisnet)에서 이용하실 수 있습니다.(CIP제어번호: CIP2020054105)

Printed in KOREA